東京・横浜　激動の幕末明治

安藤優一郎著　有隣堂発行　有隣新書——89

東京横浜往返蒸気船ノ図（2代一曜斎国輝画）　神奈川県立歴史博物館所蔵

プロローグ～江戸・東京と横浜

横浜が日本史の表舞台に登場するのは、江戸幕府が倒れる十年以上前の嘉永七年（一八五四）からである。横浜村が日米和親条約の調印場所となったことで彗星のごとく登場すると、五年後の安政六年（一八五九）には横浜港が開港した。一躍、日本の経済に大きな影響を与える存在となる。

幕末のトレンドであった攘夷運動を背景に横浜の鎖港が政治問題化したことで、国政の動向を左右する存在にもなった。横浜開港により誕生した外国人居留地が西洋文化の発信地となることで、文明開化を先取りする歴史的役割も担った。

幕末を起点として、横浜は日本の政治・経済・文化を牽引する都市に成長するが、その発展の歴史に大きく関わったのが江戸であり、明治以降は東京だった。

幕府が横浜を開港地として選んだ背景には、大坂に国内の流通経済の主導権を握られている現状を打破したい思惑があった。将軍の御膝元たる江戸が大坂に代わって主導権を握るため、横浜が江戸の外港としての役割を果たすことを期待した。幕府が貿易による利益を掌握することで経済の主導権を握り、ひいては権力基盤の強化を目指したのである。

こうした構想のもと開港された横浜は、幕府により貿易港としての環境整備が強力に推進された。幕府が倒れて明治政府が誕生し、江戸が東京となった後もその路線は変わらなかった。

江戸及び東京と横浜は相乗効果で発展したのである。すなわち、横浜発展の最大の要因は江戸・東京の存在だった。

本書では横浜が江戸及び東京との関係により発展していく過程を、横浜市の源流となった居留地が設定され、条約改正のため廃止される明治三十二年（一八九九）までの期間を対象として解き明かす。横浜と東京が刺激し合いながらそれぞれ発展していった道程を追うことで、横浜と東京（江戸）の関係史、そして比較史の視点から幕末から明治の時代を読み解くものである。

本書の構成は以下の通りである。

第一章「開港前夜の横浜〜江戸湾防衛の強化」では、開港の前提となった横浜の立地環境を取り上げる。横浜は新田開発で生まれた村だったが、アメリカ船が入港して日米和親条約の調印場所となったことで幕府から注目される存在となる。

第二章「横浜開港と外国人居留地の設定～江戸経済の強化を狙った幕府」では、幕府が開港場として横浜に白羽の矢を立てた背景を考察する。当初は神奈川湊が開港地となるはずだったが、攘夷運動の高まりも追い風となる形で横浜に変更された。

第三章「横浜と攘夷運動～江戸幕府の対外政策」では、国際貿易都市として成長する一方で、攘夷運動に巻き込まれた横浜が植民地化の危機に直面する過程を追う。イギリスとの開戦危機を招いた生麦事件は英仏両軍の横浜駐屯という副産物をもたらした。

第四章「戊辰戦争と横浜～神奈川県と東京府の設置」では、戊辰戦争の天王山であった江戸城総攻撃が中止された裏で横浜駐在の外交団の意向が大きく働いたことに注目する。江戸無血開城の直後に、横浜を管轄する神奈川奉行所も接収された。

第五章「明治維新と横浜～東京の文明開化」では、江戸改め東京と横浜の文明開化を比較しながら両都市が競って日本の近代化を牽引した諸相を明らかにする。街づくりでは横浜が東京のモデルとなっていた。

第六章「横浜港の危機～東京との築港競争」では、渋沢栄一に代表される東京の実業家たちが東京への築港により、横浜港が担った貿易業務の東京移管を目指した動きに焦点をあてる。横浜側の抵抗により東京築港は頓挫に追い込まれるが、対照的に横浜港の整備拡張事業は進展をみせる。

「エピローグ～横浜居留地の終焉」では本書での考察結果をまとめるとともに、横浜の歴史を読み解く意味について改めて触れる。

以下、横浜からみた幕末・明治の時代を江戸・東京との比較を通して考察していく。

【目　次】

5. 明治維新と横浜〜東京の文明開化……145

1．開港前夜の横浜～江戸湾防衛の強化

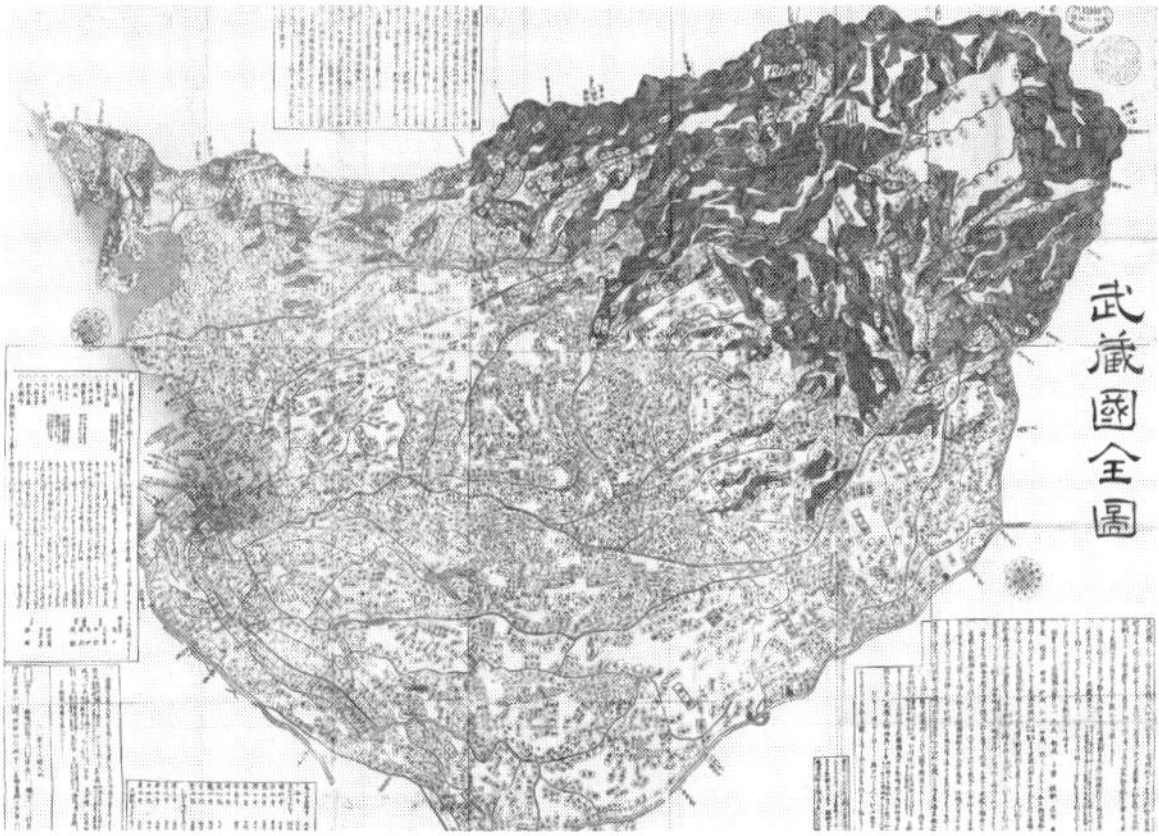

武蔵國全圖（菊地修蔵著、橋本玉蘭＜歌川貞秀＞画）
東京都立図書館所蔵

（1）ペリー来航と東海道

◎ペリー艦隊の浦賀来航

横浜開港のきっかけにもなった嘉永六年（一八五三）六月のアメリカ東インド艦隊司令長官ペリーの浦賀来航は、日本史の画期となった出来事として歴史教科書には必ず記載がある。だが、七年前にあたる弘化三年（一八四六）閏五月に、同じくアメリカ東インド艦隊司令長官のビッドルが軍艦二隻を率いて浦賀に来航したことはあまり知られていない。

通商を要求してきたビッドルに対し、幕府はその要求を拒否する。幕府内には緊張が走ったものの、ビッドルは後のペリーのような強硬姿勢は取らず、十日あまりで江戸湾を去った。

ビッドル来航から九年さかのぼる天保八年（一八三七）には、アメリカの商船モリソン号が浦賀に来航している。その目的は漂流民の送還と通商交渉の開始であった。江戸湾防備を任務とする浦賀奉行による砲撃に遭って浦賀を去るが、ビッドルはモリソン号

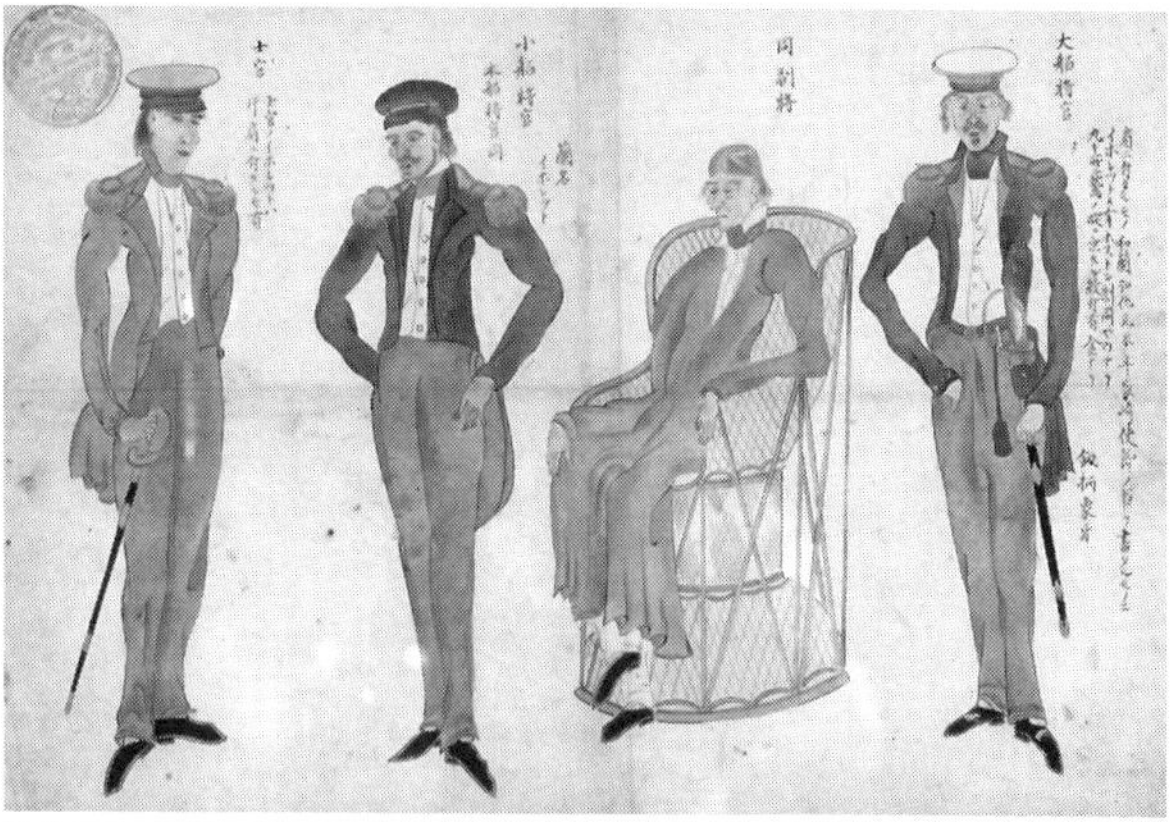

弘化三年相州野比沖渡来軍艦並人物図　川越市立博物館所蔵

と違って軍艦を率いての来航だった。幕府はビッドル来航を受けて江戸湾の防備を強化したが、大人しく引き揚げたことで、次のペリー来航への危機感が薄くなったのは否めないだろう。

ペリー来航の前年にあたる嘉永五年六月、長崎の出島に赴任した新任のオランダ商館長クルチウスは、来年にアメリカがペリーを派遣して開国を要求してくる旨を報告した。幕府首脳の老中首座阿部正弘はペリー来航の予告情報を江戸湾警備の諸藩に伝えただけでなく、密かに頼みとした薩摩藩主島津斉彬《なりあきら》たちにも内々に知らせているが、具体的な対応策は何も取らなかった。ビッドル来航時の顛末が念頭にあって、さほど危機感を持たなかったのかも知れない。

翌六年六月三日、ペリーは軍艦四隻を率いて浦賀沖にその姿を現し、開国と通商を求めるフィルモア大統領の親書の受理を幕府に迫った。同六日には、江戸湾の入り口にあたる浦賀から測量船四隻を湾内へ送り込み、水深を調査している。

軍艦ミシシッピー号に護衛された測量船は砲台が置かれた観音崎を迂回して横須賀を越え、江戸湾の奥へと向かった。そして、小柴沖で水深の深い水域を発見する。ペリー艦隊は小柴沖に移動し、停泊地とした。

浦賀来航自体ははじめてではなかったが、アメリカ艦隊が江戸湾の防衛線と位置付けられたラインを越えて江戸湾内奥深く入ったことで、江戸城下や東海道沿いの地域は大混乱に陥る。砲撃を受けて戦争になるのではという恐怖である。

来航情報は高度な国家機密とされて幕府の上層部にしか共有されなかったことも、混乱に拍車を掛ける。まさしく、「泰平の眠りをさます上喜撰たった四盃で夜も寝られず」であった。

◎警備に動員された諸大名と庶民の反応

神奈川台場　横浜開港資料館所蔵

ペリー来航を受け、幕府は江戸の町に厳戒態勢を敷いた。諸藩には江戸湾警備のため藩兵の出動を命じた。各藩では江戸藩邸常駐の藩士を藩兵として所定の場所の警備に就かせたが、藩邸が江戸湾沿岸に位置している場合は、幕府の指示がなくとも迎撃の体制を整える必要があったようだ。

伊予松山藩は横浜開港後に神奈川台場の建設にあたるが、江戸湾岸沿いの田町に藩邸を持っていた。松山藩士の家に生まれ、明治に入って教育官吏を勤めた内藤鳴雪《めいせつ》の回顧によれば、ペリー来航時か再来航時かは分からないものの、松山藩では松を大砲に見せかけて据え付けたという。松の皮を剥いで墨を塗ることにより大砲に見せかけ、固めた土に銀紙を貼って砲弾としたのである（内藤鳴雪『鳴雪自叙伝』岩波文庫）。

江戸湾沿いの藩邸が大わらわになっていた情景が浮かんでくるが、湾岸を走る東海道も警備に就く諸藩の藩兵でごった返しただろう。周辺の町や村も黒船騒ぎに巻き込まれ、農民や漁民が警備に狩り出されたことは想像するにたやすい。

東海道沿いの武蔵国橘樹郡生麦村で名主役を勤めた関口家の日記（「関口日記」）の嘉永六年六月八日条には、本牧警備のため川越藩や熊本藩の藩兵が生麦村を通行したこと、前日の七日には鎮守の祭りが黒船騒ぎで延期となったことが記載されている（横浜開港資料館編『名主日記が語る幕末』）。

黒船騒ぎに翻弄されている様子がわかるが、戦争近しとして恐怖心だけに支配されたわけではない。好奇心から黒船見物に出かける庶民も少なくなかった。

◎久里浜での親書受理

ペリーは軍事力を背景に、フィルモア大統領の親書を何としても幕府に受け取らせようとしていた。江戸湾に侵入したのも断固たる姿勢を示すために他ならなかった。一方、幕府はペリー艦隊が江戸湾の防衛線ラインを大きく越えて小柴沖にまで停泊したことを受け、腰砕けとなる。

幕府からすると、彼我《ひが》の戦力差は認めざるを得なかった。受け取りを拒否して仮に開戦の事態となれば、その武威が傷付く恐れがあった。要するに、勝てる自信がなかった。

ペリー艦隊が江戸湾に侵入した六日に、江戸城内の幕府首脳部はペリーの応対にあたる浦賀奉行からの上申を受ける形で、親書の受け取りを命じた。

同九日、ペリーは三浦半島の久里浜に上陸し、急遽設《しつら》えられた応接所で浦賀奉行に親書を受け取らせることに成功する。それは、幕府を外交交渉のテーブルに就かせたことを意味した。返書を受け取るため来年に再来航すると予告し、会見は終わった。

ペリー肖像（模本）　出典：ColBase（https://colbase.nich.go.jp/）

所期の目的を達成したペリーだが、そのまま江戸湾を去ったわけではない。翌十日には、海域を測量しながら江戸に向けて艦隊を進ませたため、江戸や東海道沿岸の地域は再び騒然となる。翌年の再来航に向けての示威行動であり、開国と通商に関する交渉を有利に進めるための手段だったことは容易に想像できよう。

十二日、艦隊は錨を上げて出帆し、ようやく江戸湾を去った。これにより、人心は鎮静化に向かう。「関口日記」の十八日条には、延期になっていた鎮守の祭りが執り行われたことが記載されている。

（2）江戸湾の防衛体制と品川台場

◎江戸湾防衛体制の強化

ペリー率いるアメリカ東インド艦隊に江戸湾の防衛ラインをやすやすと越えられてしまったことを受け、幕府は防衛体制の練り直しを迫られる。その結果、三浦半島の観音崎と房総半島の富津《ふっつ》を結ぶラインから江戸近郊の品川まで、防衛ラインを一挙に後退させたが、そもそもペリー来航以前の防衛体制はいかなるものだったのか。

幕府は、有力譜代大名をもって海防にあたらせる方針を取っていた。寛政改革の頃より、江戸湾の防備計画が策定されるが、藩兵が現地に駐屯するようになったのは文化七年（一八一〇）からである。

江戸湾が三浦半島と房総半島に挟まれていることを踏まえ、幕府は会津藩に相模の防衛、白河藩に上総《かずさ》・安房《あわ》の防衛を担当させた。両藩は藩士が常駐する陣屋と砲台を築いて任務にあたった。

その後、会津藩に代わって川越藩と小田原藩が相模の担当、白河藩に代わって忍《おし》藩が上総・安房の担当を命じられるが、天保十三年（一八四二）には相模は川越藩のみとなる。いずれにせよ、相模担当の藩は上総・安房担当の藩よりも大藩が任命されるのが慣例だった。

弘化四年（一八四七）、幕府は江戸湾の防衛体制を強化するため、相模の防衛に彦根藩、上総・安房の防衛に会津藩を追加している。前年のビッドルの浦賀来航を受けての対応だろう。こうして、川越・彦根（相模）、忍・会津（上総・安房）の四藩体制でペリー来航の日を迎えることになる。

しかし、防衛線を品川のラインまで後退させたことで、彦根藩井伊家などは相模防衛の任務を解かれ、同じく江戸近郊の羽田・大森の警備に変更される。なお、彦根藩に代わって相模の担当となったのは幕末史をリードすることになる長州藩毛利家であった（母利美和『井伊直弼』吉川弘文館）。

◎品川台場の建設

ペリーが江戸湾を去ると、幕府は品川沖への砲台建設を決める。防衛線を品川のラインまで後退させたことを受けての対応だった。南品川猟師町から深川洲崎にかけての海上を埋め立てることで砲台十一基を築き、江戸を防衛しようとした。この時、江戸湾に点在する形で築かれた砲台は品川御台場と呼ばれた

嘉永六年（一八五三）八月末に着工し、昼夜兼行の突貫工事が進められた。翌七年七月に第一～第三台場、同年十二月に第五・第六台場、陸続きとなった御殿山下台場が竣工するが、いずれもペリー再来航には間に合わなかった。六基が完成しただけであった。

当時の日本の技術力からすれば、台場に据え付けた大砲は欧米諸国との軍艦との砲戦において戦力にはならなかった。射程距離がかけ離れていたからだが、国防に力を入れる幕府の姿勢を内外に誇示したい狙いは果たせただろう。

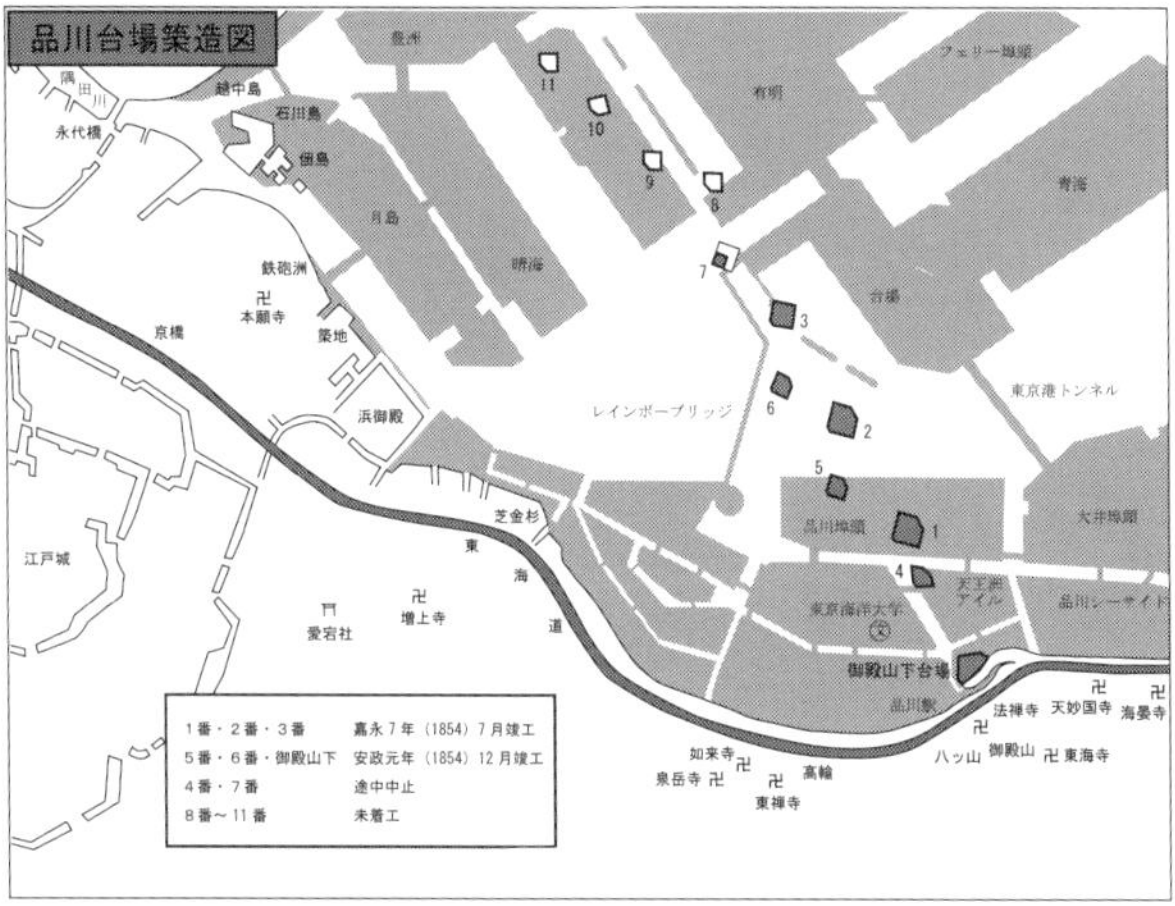

品川台場築造図　品川区立品川歴史館提供

海上への埋め立て工事であるから、何よりも必要なのは土砂だった。高輪の泉岳寺から品川の八ツ山、御殿山にかけての山々から切り崩された土砂が運ばれたが、その量たるや、一日に船で二千艘にも達する日もあった。山々での土取人足も、第一～第三台場築造時には五千人に及んだ。

だが、品川近辺の土砂だけでは足りず、三浦半島で採取された土砂も船で大量に運び込まれている。

築造資材としては松や杉などの木杭も必要であったため、御林《おはやし》と呼ばれた幕府が管理する山林から調達されている。石材は相模・伊豆・駿河から海上輸送された。

品川台場の築造費は七十五万両とも言わ

れる。天保十四年（一八四三）の幕府の年間歳入が百五十四万両余であるから、国家予算の約半分が投入された格好だった。

財政難に苦しむ幕府にとっては手痛い出費となる。だが、見方を変えると、莫大な金が落ちた東海道最初の宿場品川宿の経済は大いに活性化されたのである（「〔座談会〕「お台場」と江戸湾防備―品川台場と神奈川台場」『有鄰』第四五八号）。

◎挙国一致体制を目指す幕府

遅まきながら江戸湾防衛体制の強化に着手した幕府だが、そのトップである阿部正弘はこの国難に際し、今までの幕政ではみられなかった方針を打ち出す。対外問題には挙国一致で臨むことが必要という認識のもと、開国を求めてきたアメリカ大統領の親書を諸大名に提示し、意見を求めた。

これを受けて、諸大名からは約二百五十、幕臣からも約四百五十の上書《じょうしょ》が提出された。その大半は開国要求を拒絶すべき、交渉を引き延ばして時間稼ぎをはかるという趣旨の提案に過ぎなかった。軍事的見地に基づく提案ではなかった。

だが、神奈川台場を設計することになる幕臣の勝海舟が提出した上書は違った。江戸湾の防衛体制を強化するための具体案が提起されていた。

海舟は嘉永六年（一八五三）七月、二回にわたり上書を提出している。最初の上書では、アメリカの軍艦が江戸湾の奥深く侵入し、測量を許してしまったことを問題視し、以下の提案を行っている。

ペリーが再来航の意思を伝えている以上、再び江戸湾に侵入してくるのは必至であるから、大森・羽田・品川・佃島・深川に台場を設け、十字射ちが可能な防衛体制を敷かなければならない。軍艦も必要だが、熟練した乗組員がいなければ軍艦があっても意味はない。当面は江戸湾の防備、つまりは砲台の建設が先決で、その後軍艦を整えて兵制を西洋式に変えるべきである。

勝海舟　出典：国立国会図書館「近代日本人の肖像」(https://www.ndl.go.jp/portrait/)

約七百もの上書のなかで、海舟の提案は際立っていた。幕閣はさらなる意見を求め、同月に再度、上書を提出させる。今回は海防案のみならず、貿易論や政治論にまで含み込んだ内容となっていた。それまで海舟は無役だったが、この二つの上書がきっかけとなり登用される。

当時の幕政は将軍の家来筋に当たる譜代大名と幕臣団（旗本・御家人）が担っていた。意外なことに、尾張・紀州・水戸の徳川御三家や御家門《ごかもん》と称された福井藩松平家、会津藩松平家といった徳川一門の親藩大名は、原則として幕政に関与できなかった。親藩大名は幕政から排除されていたが、維新回天の主役となる薩摩藩島津家や長州藩毛利家など外様大名に至っては言うまでもない。

ところが、時の幕閣がペリー来航を機に外交問題に関する意見を諸大名に求めたことで、幕政から排除してきた親藩大名や外様大名が政治参加できる道筋が引かれた。以後、親藩大名や外様大名も国政に参加しはじめるが、横浜鎖港問題などは格好のテーマとなるのである。

（3）日米和親条約締結と横浜村

◎ペリー艦隊再来航

再来航を予告していたペリー率いるアメリカ東インド艦隊が浦賀沖に姿を現したのは、嘉永七年（一八五四）正月十六日のことである。軍艦の数は四隻から七隻に増えており、軍事力をもって外交交渉を有利に進めようという暗黙の意思が示されていた。

ペリーは浦賀沖を通過して江戸湾に侵入し、前回の来航時に停泊地とした小柴沖に投錨した。幕府は交渉場所を浦賀にするよう求めたが、ペリーはこれを受け入れず、江戸あるいはその近くを主張して譲らなかった。

艦隊は小柴沖に投錨したままではなかった。ペリーは艦隊を江戸に近付けたり、空砲を撃つなどして幕府を威嚇した。

「関口日記」の正月二十五日条には、アメリカ大統領（日記には国王とある）の誕生日を祝うため空砲が撃たれたとある。要するに祝砲だったが、幕府は威嚇と受け取ったことだろう。

同二十七日条からは、本牧沖から生麦村の南沖に五隻が入ってきたこと、翌二十八日条からは、もう一隻入って都合六隻の停泊となったことがわかる。その後も横浜村の沖に移動するなど、艦隊の動きが日記には逐一記載されている。正月十九日条や二月七日条からは、生麦村の農民が見物に出かけている様子もわかる。

幕府は浦賀に設けた応接所で交渉を持つ予定だったものの、ペリーによる一連の威嚇に屈し、浦賀での交渉を断念する。ペリーが生麦沖に艦隊を集結させつつあった二十八日に、浦賀奉行所与力の香山栄左衛門は横浜村での交渉を提案した。

横浜村地先の海は水深が深く、船舶の停泊に適していた。その上、海岸は軍艦の射程距離にも入った。威嚇も可能ということなのだろう。横浜村に上陸し、その点も確認したアメリカ側は横浜村での交渉に合意する。

よって、幕府は浦賀に設営した応接所の建物を解体し、横浜村に運び込んだ。設営が完了したのは二月八日のことである。

◎交渉地となった横浜村

ペリーとの外交交渉の場として白羽の矢が立った武蔵国久良岐郡横浜村は半農半漁

の村であった。百戸ほどの小村に過ぎなかったが、その歴史をさかのぼると、大岡川が運んできた土砂によって形成された砂洲の存在が大きかった。

砂洲が伸びて江戸湾が仕切られた結果、入海が生まれたからである。陸地に海が入り込んだ、入り江のような地形となった。

農地に乏しかった横浜村では、江戸前期にあたる明暦二年（一六五六）より、この入海を埋め立てることで農地を開発している。この時期は新田開発のブームで、全国的に農地が拡大した。十七世紀を通じて、日本の総石高は約千八百五十万石から約二千六百万石にも増えている。

新田開発の手法は原野や山林を切り開いて農地とするものと、湖沼や海浜などを干拓して農地とするものの二つに大別される。横浜村は後者であり、堤防を築いて排水するとともに、埋め立ての土砂を投入することで農地を造成した。

新田開発といっても、幕府や藩が資金を用意するのではなく、豪商や豪農など民間の資本に依存した。出資者が新田を所有して年貢を負担する仕組みだったが、横浜村の新田の場合は、江戸の商人の吉田勘兵衛たちが資金を用意している。

まずは、新田予定地を取り囲む堤防の築造から着手したが、工事は難航する。翌三年五月の大雨による洪水で、海に面した潮除堤が流失したからである。

万治二年（一六五九）より工事は再開された。凡《およ》そ三年間を要して、堤防の築造や海水の排出、用水路の開削、道路や田畑の区画確定といった一連の新田開発の作業が終了する。埋め立てに使われた土砂は、新田となる入海に面する久良岐郡太田村の天神山、同郡石川中村の大丸山《おおまるやま》、同郡横浜村の宗閑島《しゅうかんじま》から採取している。

耕作が開始されたのは寛文二年（一六六二）からである。当初、新田村は野毛（村）新田と呼ばれたが、同九年からは開発資金を負担した吉田勘兵衛に因《ちな》んで吉田新田と改められる。村高は千三十八石であった（『開港150周年記念　横浜　歴史と文化』有隣堂）。

ただし、吉田新田の誕生により、入海だった場所がすべて新田となったのではない。その後も新田開発は行われており、文化九年（一八一二）には横浜新田が開発された。開国後の安政三年（一八五六）にも太田屋新田が開発されている。

◎日米和親条約締結と下田・箱館開港

横浜村で日米交渉が開始されたのは嘉永七年（一八五四）二月十日のことである。その日の「関口日記」にも、横浜で交渉が行われた旨の記載がみられる。幕府側が祝砲の

横浜応接所に入るペリー一行（『ペリー提督日本遠征記』から） 神奈川県立歴史博物館所蔵

ような形で海と陸で鉄砲数十挺を撃ったという。

ペリーは日本を開国させた人物として歴史に名を残したが、通商の目的は果たせなかったことは注意して良い。本国からの訓令もあり、最も重視したのは漂流民の救護と寄港地の確保であった。

産業革命の進展により、欧米では夜遅くまで工場の機械が稼働し、照明用や機械の潤滑油として鯨油が大量に消費された。そのため、欧米諸国では捕鯨業が盛んで、アメリカの場合は日本沿海まで多くの捕鯨船が出漁していた。

だが、広範囲で長期間に及ぶ航海を強いられるのがネックとなっており、太平洋沿岸で寄港可能な港をどれだけ確保できるかは死活問題だった。嵐に遭って漂流を余儀なくされた場合も同様である。

また、アメリカは太平洋を横断して中国大陸に至る航路の開拓を熱望していた。ヨーロッパ諸国は、大量生産した木綿や工業品を植民地があった東南アジアや中国大陸で売り捌《さば》いて巨利を挙げたが、その点、東南アジアで植民地を持たないアメリカは出遅れていた。

しかし、太平洋を横断して中国に至る航路を開拓できれば、アメリカも中国での市場争いに参入することが容易になる。イギリスなどと同じく、生糸や茶を大量に買い付けることもできるが、中国への航路開拓に際しては、手前に位置する日本で寄港地を確保することが重要だった。要するに、日本は中国貿易の中継点として映っていた。

日本もアジア市場の一つだが、日本を凌駕する人口を持ち広大な国土を誇った中国市場の方が魅力的なのは言うまでもない。そうした事情はヨーロッパ諸国にしても同じである。

よって、アメリカは水や食料のほか、蒸気船の燃料である薪《たきぎ》や石炭を補給できる港を開くよう強く求める一方で、通商の要求は幕府側の断固たる拒否に遭うと引っ込めてし

使節ペリー横浜応接の図　横浜市中央図書館所蔵

まう。これにしても、中国との貿易に必要な寄港地の確保を優先していたからであった。

三月三日に調印された日米和親条約は、下田・箱館の開港、両港での薪、水、食料の供給、漂流民の救助と保護、アメリカへの最恵国待遇などを骨子とした。外交関係の樹立という意味では日本を開国させることに成功したものの、通商開始の目的は果たせなかった。

だが、調印から十八カ月後にアメリカ領事が下田に駐在する条項が条約には盛り込まれていた。通商交渉を継続する布石が打たれたことは見逃せない。ペリーは下田に赴任することになる領事にその課題を託した。

それから十日後の同十三日、ペリーは横浜村を後にしたが、そのまま日本を離れたのではない。艦隊を江戸に近付けたため、幕府を再び慌てさせる。「関口日記」

にも、「大師ケ原」まで乗り入れたと記載がある。東海道川崎宿辺りまで進んだことがわかるが、それ以上は進まず、江戸湾を去って開港場の下田や箱館に艦隊を向かわせた。

その後、幕府はイギリス・ロシア・オランダとも同様の条約を結んだ。横浜ではなく下田や長崎で締結されたが、後に幕府が開港場として白羽の矢を立てたきっかけになったという意味では、横浜が日米交渉の場に選ばれたのは運命的なことだったのである。

2．横浜開港と外国人居留地の設定
～江戸経済の強化を狙った幕府

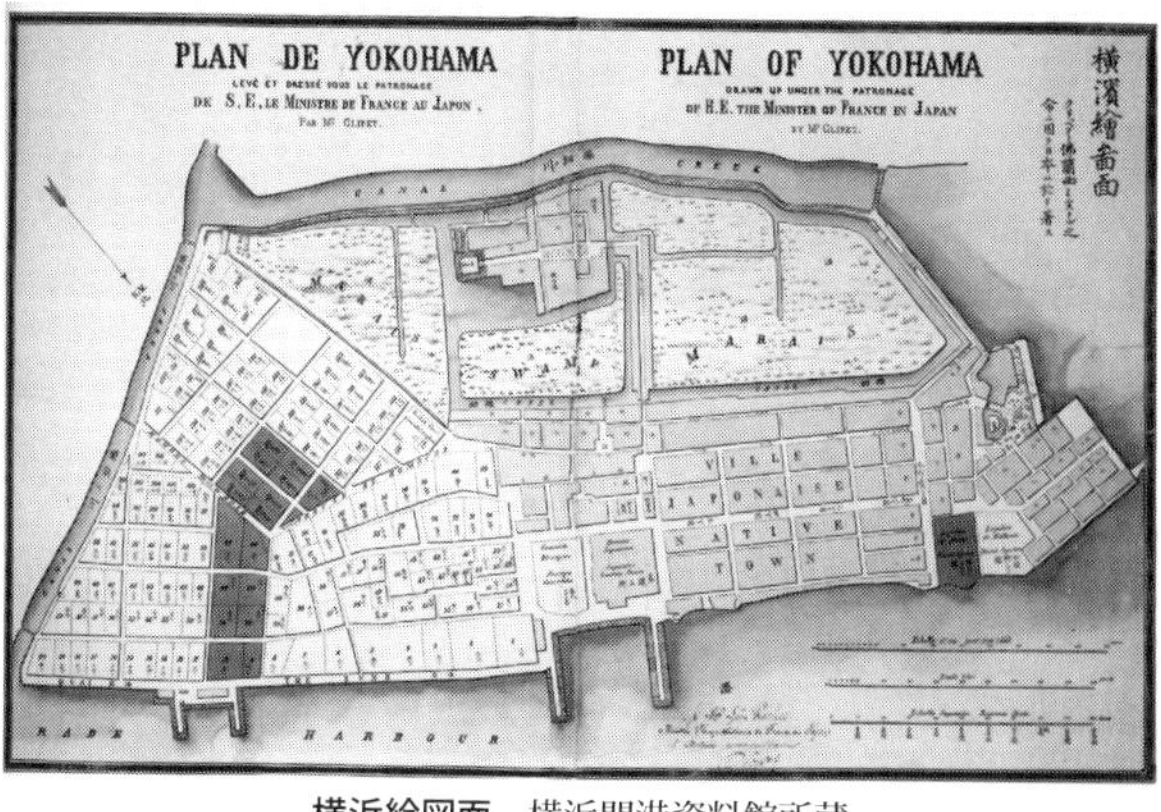

横浜絵図面　横浜開港資料館所蔵

（1）日米通商条約の締結と横浜開港案の背景

◎アメリカ総領事ハリスとの通商条約交渉

安政三年（一八五六）七月、日米和親条約に基づいて、アメリカ総領事のハリスが開港場の下田に着任した。総領事館を柿崎村の玉泉寺に置いたハリスは下田奉行の井上清直に対し、江戸に出府して通商条約の交渉に入りたいと伝えた。

だが、幕府はその要求を拒否し続ける。ハリスは一年以上にわたって下田で足止めを食らうも、無為に過ごしたのではない。

翌四年五月、ハリスは下田奉行との間で、長崎の開港、下田・箱館での外国人の居留許可、貨幣の同種同量交換、領事裁判権の承認などを定めた条約を結んでいる。これを下田条約と呼ぶが、実は一年二カ月後に結ばれる日米修好通商条約で踏襲される内容をいくつか含んでいた。

通商条約の締結を望んだのはヨーロッパ諸国も同様である。先の和親条約に追加する形で、同年八月に日蘭追加条約、翌九月には日露追加条約が締結されたが、両条約で規定された貿易は幕府の役人を仲介する会所貿易だった。鎖国の時代に、長崎の出島でオランダとの間で行われた貿易と同じスタイルであり、欧米諸国が望む自由貿易ではなかった（町田明広『グローバル幕末史』草思社文庫）。

ハリスは両国の動きに負けじと、江戸での交渉をさらに求めたはずである。江戸城に登城して、時の十三代将軍家定にピアース大統領の親書を奉呈《ほうてい》したいと要望した。結局のところ、幕府はその要望を容れる。

タウンゼント・ハリス肖像　国際日本文化研究センター提供

十月十四日、ハリスは江戸に入った。東海道を経由しての江戸行きだったが、「関口日記」の十月十二日条にはアメリカ人が生麦村を通行したとの記載がある。前夜は藤沢宿に泊まり、この日は生麦村を通過して川崎宿で泊まった。生麦村を通行する際には、村役人が見送りに出たという。ハリスの江戸行きに関する記事であったのは言うまでもない。

二十一日、ハリスは江戸城に登城し、家定に謁見した。大統領からの親書を奉呈し、二十六日には幕府のトップである老中首座堀田正睦《まさよし》との面談に臨む。

ハリスは世界の大勢を論じつつ、外交官（公使）の江戸駐在と自由貿易の利益を説いたが、堀田は西洋の事情に通じた人物だった。よって、世界情勢を踏まえれば通商条約の締結による自由貿易の開始は避けられないと考え、幕府内での意見の取りまとめに着手する。

◎目付岩瀬忠震の横浜開港論

既に幕府内では自由貿易の開始が議論されていた。その議論をリードした人物こそ、横浜開港の父とも言うべき岩瀬忠震《ただなり》である。日本側全権として日米通商条約に調印したことで歴史に名を残した。

ペリー来航を機に、岩瀬は目付（定員十名）に抜擢されて外交の最前線に立つことになった。目付は幕臣の行状や幕府役人の勤務状況の監察のみならず、政務の監察にもあたったため、幕政に強い影響力を持っていたのである。

そのため、幕閣を構成する老中・若年寄に対して諸事意見を述べることも許された。

仮に老中に問題がある場合は、将軍その人に言上《ごんじょう》しても構わないとされた。目付は老中でも弾劾《だんがい》できたほどの権力を備えていた。

岩瀬はペリー再来航時には浦賀に出張し、また品川台場の築造を監督した。下田にも何度も出張し、ハリスと外交交渉を行っている。そうした経験を積み重ねることにより、幕府内で自由貿易を主張する急先鋒となった。欧米諸国に強制されるのではなく、日本の方から率先して港を開き、自由貿易に打って出ることで国を富ませようという積極論を唱えたのだ。

岩瀬忠震　『阿部正弘事蹟　上』から

安政四年（一八五七）には長崎に出張し、日蘭追加条約と日露追加条約の締結交渉にあたった。そして、江戸への帰途、ハリスが堀田に説いた内容に接する。十一月六日のことであったが、その日のうちに岩瀬は老中宛の上申書を書き上げ、翌日江戸に送った。

この上申書に、横浜開港案が次のとおり提起されていた（小野寺龍太『岩瀬忠震』ミネルヴァ書房）。

現下の情勢は大坂が国内の利権の七、八割を握り、長崎貿易の利潤も八、九割が大坂商人の手に落ちている。国内の物資が集中することで日本の経済は大坂を中心に回っているが、これに風穴を空けて江戸に物資が集中するようにしたい。よって、江戸に近い場所を貿易港に定めたいとして横浜に白羽の矢を立てた。

岩瀬には横浜を開港場とすることにより、将軍のお膝元の江戸が大坂に代わって日本経済を牛耳れるよう物資の流れをコントロールしたい狙いがあった。そうすれば、国内の利権はおのずから江戸に集まると考えていた。

自由貿易が盛んになれば、国内の産物は横浜に送られ、いきおい物資の流れは変わる。輸入品にしても横浜を経由することで、同様の効果が期待できるというのだろう。

横浜開港案とは江戸に国内の利権を集めることで、幕府の財政基盤の強化を目指す経済政策なのであり、ひいては軍事力強化にも直結する富国強兵策であった。江戸に近い港での貿易ならば統制しやすく、その利潤も独占できるという意図も透けてくる。自由貿易の開始を梃子《てこ》に、日本の経済が江戸を中心に回ることを望んだ。

アメリカの要求に押された結果、幕府が通商条約の締結に追い込まれたというイメージは今なお強い。だが、その申し入れを利用することで、江戸が大坂に代わって日本経済を牛耳り、富国強兵を実現しようという強《したた》かな目論見《もくろみ》を持つ人物が幕府内にいたことは見逃せない。

幕府内には自由貿易への慎重論も根強かった。自由貿易を開始するにしても、江戸から遠い場所を開港場に指定する意見もみられたが、十二月四日に堀田は岩瀬と下田奉行の井上の両名を通商条約締結交渉の全権に任命する。岩瀬が条約交渉の前面に立つことで、江戸に近い場所に開港場を設定する方針は事実上決まった。

◎神奈川など五港の開港と江戸・大坂の開市

安政四年（一八五七）十二月十一日より、岩瀬・井上とハリスの交渉がはじまった（交渉内容は『大日本古文書　幕末外国関係文書』）。場所は江戸城近くの九段下に置かれた蕃書調所《ばんしょしらべしょ》である。翌年正月十二日までの計十三回の交渉を経て、通商条約の草案が出来上がる。

後年、同条約は不平等条約と指摘されることが多い。日本側に関税自主権がなかったこと、在留外国人が日本で起こした事件はアメリカに領事裁判権（治外法権）を認めたことがその理由として挙げられるのが定番だが、条約が締結された時点でみると、不平等条約とは言い切れない。そもそも、日本側にはそんな意識はなかった。

通商条約では、日本側の輸出税は一律五％、輸入税は主に二〇％と規定されたが、欧米諸国に比べると、輸入税つまり関税はそれほど低くなく、相応の数字とされている。名実ともに自主権を失うのは、慶応二年（一八六六）に改税約書《かいぜいやくしょ》を結んでからであった。これにより、輸入税は五％に引き下げられてしまう。

領事裁判権を認めたことについても、条約締結の時点では外国人が日本人相手に事件を起こすと幕府が想定していなかったことを考慮する必要がある。外国人の行動範囲を居留地などに限定して日本人とは極力接触させない方針を取った上に、日本人が海外に渡航して事件を起こす事態も想定しなかった。後に日本人との間で事件が起きることで、日本側の法権が及ばない事態が生まれ、結果的に不平等条約となったのが実情だ。

開港場としては、箱館に加えて神奈川・長崎・新潟・兵庫の五港を開くことになった。神奈川開港から六カ月後に下田港は閉鎖される日程も組まれたが、江戸・大坂については開港せず、一ランク下の開市にとどめた。開市とは、貿易は可能であるものの、外国船の入港は認めないということである。

交渉の過程で、ハリスは新たに江戸、品川、京都、大坂、長崎、平戸の開港と、日本海側で二港の開港、そして江戸・品川開港の六カ月後に下田港を閉鎖することを提案していた。江戸と品川の開港を強く望んでいたことがわかるが、幕府としては将軍の御膝元の江戸はもちろん、品川でも江戸に近過ぎた。江戸防衛の観点からすれば、到底許容できるものではなかった。

しかし、江戸の開港を拒否すれば、天下の台所として繁栄した大坂の開港を要求してくると岩瀬はみていた。大坂を開港すると、さらに物資が集中してしまう。貿易の利益にしても大坂商人の手に握られるのは必至であり、国内の利を江戸に集めたい幕府としては絶対に避けたいところだった。

そこで、江戸近海で貿易に好都合な港があるとハリスに提案し、神奈川の名を出した。その際、ハリスは神奈川と同じ湾に面することを理由に横浜の開港を逆提案し、岩瀬も同意している。ハリスは神奈川を江戸湾一の良港と評価しており、その繁栄ぶりは知っていた。この時点では、横浜の開港にも好意的だった。

こうして、岩瀬たちは江戸・品川の開港を阻止したが、江戸に関しては開市を呑む。貿易までは拒否できなかったことがわかる。大坂についても開港を阻止したが、同じく貿易は拒否できず、開市を呑んでいる。

だが、天皇のいる京都の開港つまり開市は、日本側にとり検討の対象外だった。要するに、神聖な土地に外国人を立ち入らせるわけはいかないと考えたのである。

なお、ハリスが神奈川と横浜の両方を開港地として条約に明記したいと申し出たところ、なぜか幕府が神奈川だけで良いと応じたため、横浜は開港地として明記されなかった。岩瀬は横浜開港を強く主張していたわけだが、幕閣から神奈川のみの開港とするよう指示があったのだろう。この時にハリスの申し出を素直に受け入れていれば、後の横浜開港をめぐるトラブルは起きなかったはずだ。

交渉の結果、江戸、品川、大坂のほか、長崎に近い平戸も開港場から外される。長崎を開港すれば、近くの平戸を開港する必要はないと幕府が主張したのかもしれない。そして、日本海側は新潟港だけとなった。兵庫の開港は大坂開港の代案としてハリスに提案したのだろう。

条約の草案が出来上がると、いよいよ調印の運びとなるが、堀田はその前に国論の統一をはかった。諸大名の合意を取り付けた上で、総仕上げとして朝廷（天皇）の許可を得ようと目論む。勅許である。

しかし、朝廷から勅許が下りなかったことで堀田の思惑は外れ、事態は暗礁に乗り上げる。安政五年六月十九日に、幕府は勅許を得られないまま調印に踏み切ったが、朝廷や尊王攘夷の志士たちからは違勅として激しく責め立てられ、窮地に追い込まれることになる。

一方、同時進行していた将軍継嗣問題をきっかけに、幕府内には大きな亀裂が走る。堀田に代わり幕府のトップに立った大老井伊直弼が安政の大獄を断行し、継嗣問題に介入してきた親藩・外様大名を粛清したのである。隠居や蟄居を命じただけでなく、その家臣たちも厳罰に処した。

なお、将軍継嗣問題で井伊から睨まれていた岩瀬は、花形の外国奉行を二カ月弱勤めただけで、同年九月五日に作事奉行に転任する。事実上の左遷だった。その後、安政の大獄により永蟄居の処罰を受け、政治生命を断たれた。赦免されることもないまま、文久元年（一八六一）七月十一日に四十四才の生涯を終えている。

（2）神奈川宿と神奈川湊の繁栄

◎陸上交通の要衝・東海道神奈川宿

開港場となることが決まった神奈川は二つの顔を持っていた。宿場町と港町の顔である。その点、海上に御台場が築かれた品川と同じだった。

神奈川宿は江戸と京都を結ぶ東海道の宿場で、江戸を起点として品川宿は第一の宿場、神奈川宿は第三の宿場にあたる。両宿の間に川崎宿があった。

日本橋から約七里の神奈川宿は、天保十四年（一八四三）時の人口が六千人弱で、現在の神奈川県域でみると人口では一位、家数では城下町の小田原に次ぐ規模である。東側の神奈川町（十三カ町）と西側の青木町（十カ町）から構成され、旅籠《はたご》屋は五十八軒を数えた。

宿場町というと街道を旅する旅人を泊める町のイメージが強いが、宿泊だけの町ではない。茶屋などの飲食店、米屋や酒屋など食料品を扱う店、古着屋など衣料品を扱う店が立ち並んだほか、大工や左官といった職人たちも住んでいた。地域経済の中核として、

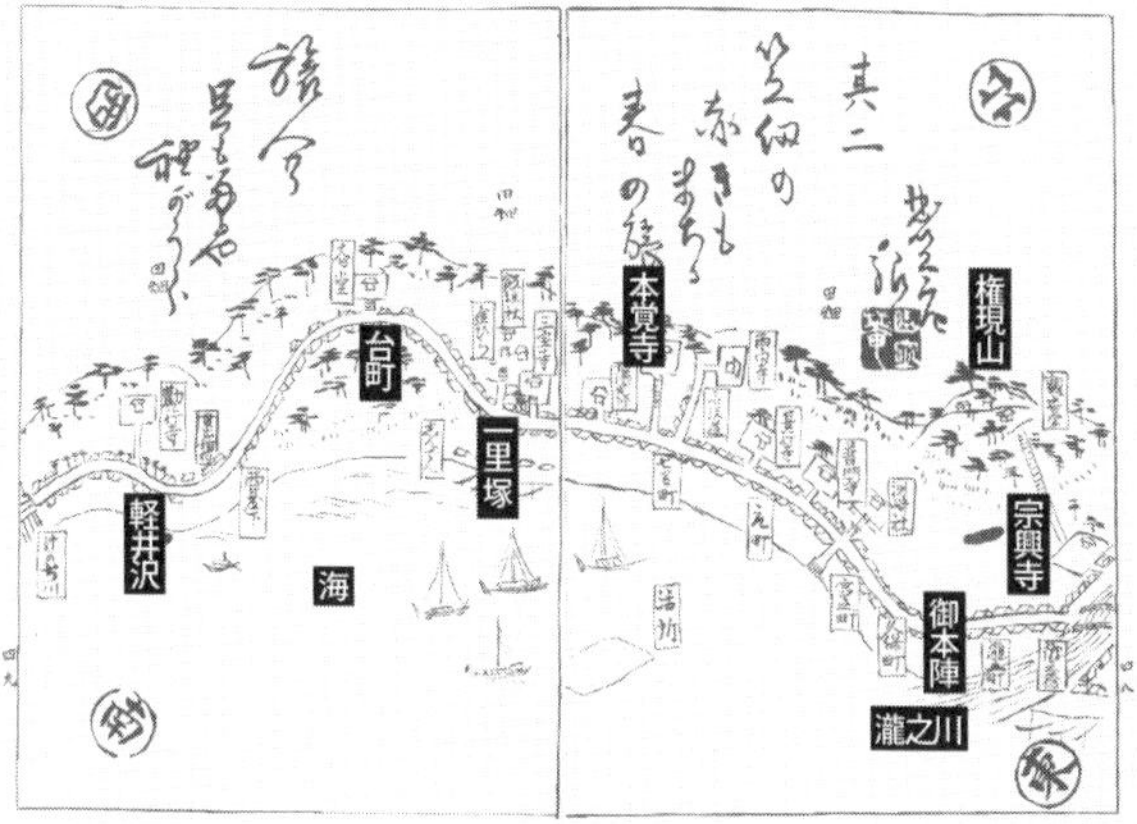

青木町付近の図　出典:煙管亭喜荘 著 ほか『金川砂子』, 武相考古会 ,1930. 国立国会図書館デジタルコレクション https://dl.ndl.go.jp/pid/1875135 に加筆

人やモノが活発に行き交う都市であった。

神奈川宿の場合は、東海道や神奈川道（八王子道、絹の道とも称される）を通じて、多摩地域をはじめ関東の内陸部とつながる陸上交通の要衝でもあり、物資が集散する拠点として大いに発展を遂げる。その上、港町の顔を兼ね備えたため、神奈川を拠点とする流通網は拡大していった。

江戸に近い宿場町は、行楽地としての顔も持った。青木町のうち台町は海に面した高台の上にあり、天気の良い日には横浜や本牧を眼下に収められるだけでなく、対岸の上総や安房も見通せるほどの眺望の良さを誇った。その眺望を楽しみに多くの文人墨客が訪れ、浮世絵などのメディアで取り上げられた。行楽客の増加に拍車がかかったことは容易に想像できる。

神奈川宿が江戸庶民に人気の観光名所だった江の島や鎌倉への通過点にあたったことも、行楽客の増加にプラスになったはずである。こうして、行楽客相手の茶屋が数多く立ち並ぶ宿場町として賑わった（池上真由美『江戸庶民の信仰と行楽』同成社）。

◎中世以来の交易港・神奈川湊の繁栄

神奈川の賑わいは陸上交通の要衝だったことだけが理由ではない。神奈川湊の存在により、水上交通の要衝となっていたことも大きかった。

室町時代より、神奈川湊は江戸湾沿岸や遠く伊勢方面との間でも盛んに交易を行っていたが、江戸時代に入ると、巨大都市に発展した江戸への物流を支える拠点として重要性を増す。当時は水運なくして、物資の大量輸送は不可能であった。

神奈川宿で陸揚げされることで、関東の内陸部にも物資は運ばれていく。江戸のみならず関東各地への物流を支える役割も果たしたのだ。東海道・神奈川道と神奈川湊が交差する物流のターミナルとして、まさに水陸交通の要衝だった。

神奈川宿のうち青木町の沿岸には、廻船問屋や船宿が立ち並ぶ神奈川湊が広がってい

東海道五拾三次之内　神奈川台之景（広重画）　横浜市中央図書館所蔵

た。青木町を構成する町の一つ・台町の沖合に諸国からの廻船は停泊し、荷物を小船に積み替えた上で、青木町沿岸に設けられた渡船場で陸揚げされた。逆に神奈川湊から荷物を積み出す場合は、渡船場で小船に積み、沖合に停泊する廻船まで運ばれた。

江戸や関東の内陸部の物流を支えることで繁栄した神奈川湊には、東海や上方方面からの廻船も入港した。とりわけ、尾張国知多郡内海《うつみ》を拠点とする「内海船」と称された尾州廻船が頻繁に入港したことが判明している。

内海船が積載した尾張産の糠《ぬか》は神奈川で陸揚げされ、神奈川道を経由して江戸近郊の農村へ運ばれた。肥料として農地に投入されたのである。瀬戸内海産の塩は江戸湾や利根川を経由して、北関東の内陸部へ運ばれた。内海船が買い込んだ大豆や小麦は醤油の原料として知多半島に運ばれ、醸造業者に売り渡された（『開港150周年記念　横浜　歴史と文化』）。

国内航路を走る廻船が寄港する港町として繁栄した神奈川だが、通商条約の締結交渉において、外国の貿易船が入港する開港場として提案したのは幕府の方であった。当初、ハリスは江戸や品川の開港を提案したが、最終的には神奈川開港に同意する。港町としての機能や賑わいを評価していたことは先に述べとおりである。

しかし、実際に開港場となったのは横浜の方だった。

（3）横浜開港への変更と欧米諸国の反発

◎神奈川開港への懸念と攘夷運動の高揚

安政五年（一八五八）六月十九日に幕府は日米通商条約を締結したが、オランダ・ロシア・イギリス・フランスとも同様の通商条約を結んでいる。一連の条約は、安政の五カ国条約と呼ばれた。

日米通商条約は折しも小柴沖に停泊中だったポーハタン号の船内で調印されたが、他の四カ国は外交使節を江戸に派遣して条約交渉に臨み、調印している。オランダ・ロシア・フランスの使節は愛宕山《あたごやま》下の真福寺、イギリスの使節は芝の西応寺を宿所とした。同所が調印場所にもなる。

通商条約の締結を受け、幕府は自由貿易の場となる開港場の整備に取り掛かる。箱館、神奈川、長崎、新潟、兵庫の五港だが、開港場には各国の領事館が設置された。江戸には各国の公使館が設置された。公使館は寺院の境内に置かれ、アメリカは麻布の善福寺、イギリスは高輪《たかなわ》の東禅寺、フランスは三田の済海寺に公使館を置いた。当初、オランダは外交官を江戸に置かず、長崎の総領事が江戸に出府した際には高輪の長応寺を宿所とした。箱館の領事館を日本の拠点としたロシアも江戸には外交官を常駐させず、出府の折に三田の天暁院を宿所としている。いずれの寺院も現在の東京都港区にあたる。

五カ国に開港を約した五港だが、同時に開港するのではなかった。翌六年六月に箱館、神奈川、長崎を開港した後、新潟と兵庫を段階的に開港する予定だった。江戸・大坂の

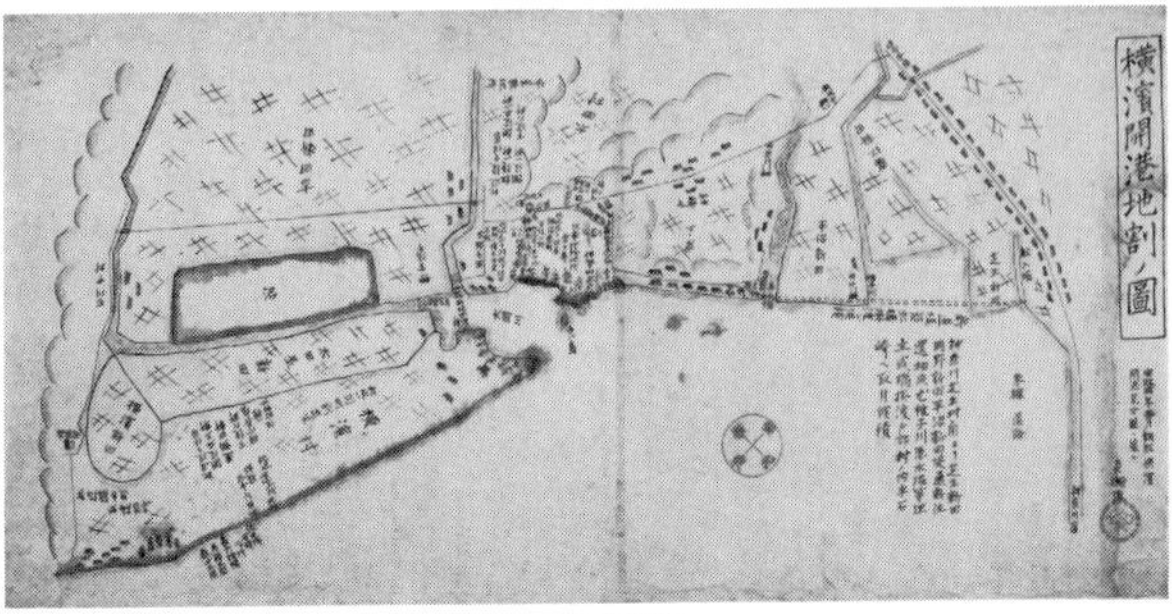

横浜開港地割ノ図　横浜市中央図書館所蔵

開市も神奈川などの開港後とされた。

箱館は既に和親条約で補給港として開港していた。長崎もオランダ船が入港して貿易を行った長い歴史があったが、江戸に近い神奈川の開港は暗礁に乗り上げる。人の往来が激しい東海道沿いの神奈川に開港場を設置すると、外国人とのトラブルが起きやすくなると幕府が難色を示しはじめたからだ。

外国を排撃する攘夷運動が既に各地で広がりをみせ、過激な攘夷の志士たちによる外国人襲撃の危険性も高まっていた。その懸念は現実のものになる。

神奈川に開港場を設置するのは、攘夷の志士にその機会をわざわざ与えるようなものだった。そもそも、幕府は日本人が外国人と接触することを好んでいなかった。神奈川開港を忌避した裏には、できるだけ外国人を遠ざけようという意思も働いていたことは想像に難くない。

そこで、岩瀬が主張していた横浜開港案が俄かに再浮上し、東海道から離れた横浜村に開港場を建設すると決めた。横浜は神奈川と同じ湾に面している、要するに横浜は神奈川の一部という論法で強行突破をはかるのであった。

◎横浜開港の強行と欧米外交団の反発

通商条約の締結から約二十日後にあたる安政五年（一八五八）七月八日に、外国奉行が新設された。それまで、幕府の職制には外交事務を専門で取り扱う外務省のような部署がなかった。安政三年に老中首座の堀田が「外国事務取扱」に任命されて外務大臣のようなポストを兼任したが、依然として専門部署はなかった。箱館奉行や長崎奉行のように、現場の開港場で外交や貿易の事務などにあたる奉行が置かれただけだった。

しかし、重要度を増す一方の外交事務を迅速に処理することは、幕府にとって焦眉の急となっていた。そのため、通商条約の締結をきっかけに外国奉行が新設されたのである。

通商条約の全権を勤めた目付の岩瀬と下田奉行の井上、箱館奉行の堀利熙《としひろ》、勘定奉行の永井尚志、田安家家老の水野忠徳が外国奉行に任命された。ただし、井上と堀は兼任だった。

安政五年八月、日米通商条約の全権だった岩瀬たち外国奉行は神奈川を視察した。評議の結果、十月には以下のことが決まる。

東海道から横浜の開港場まで、道路（横浜道と称される）を新たに開く。神奈川宿近くの戸部村に、開港場を管轄する神奈川奉行所を設置する。開港場には外国商人が住む居留地、日本の商人が住む日本人町などを造成する。

翌六年正月には横浜での貿易開始が公布され、三月には開港場や神奈川奉行役宅の建設が開始された。五月に入ると、横浜村は神奈川奉行の支配地に組み込まれて、横浜町と呼ばれるようになる。

幕府はなし崩し的に横浜開港を推し進めた。突貫工事により、六月二日の開港日までに開港場をおおよそ完成させる。

一方、欧米の外交団は条約違反として、横浜開港に猛反発した。神奈川宿に領事館を開設し、神奈川の開港を幕府に強く申し入れる。

江戸の公使館と同じく、各国が領事館を置いたのは寺院の境内だった。例えば、アメ

神奈川台町の関門　横浜開港資料館所蔵

リカの領事館は青木町の本覚寺に置かれた。

　幕府が開港場を横浜に変更しようとしたのは、神奈川では日本人と外国人の接触つまりはトラブルの危険性が高くなることだけが理由ではなかった。横浜で開港した方が船舶には好都合だろうという理由もあった。水深が深い横浜港が大型船舶の停泊に適していたことは、各国も認めるところだった。

　しかし、欧米側は条約に従って神奈川を開港場とするよう繰り返し求める。交通の便の良い神奈川ではなく、東海道から離れている横浜に開港場を設けようとしていることに、自由貿易を制限したい幕府の意図をみたのだ。確かに、自由貿易に消極的な意見は幕府内で根強く、不信感を持たれても仕方がなかった。

特に、通商条約締結の先鞭を切ったハリスは強硬だった。

そもそも、ハリスの方から神奈川と横浜の両方を開港地として条約に明記したいと申し出たにも拘わらず、幕府が神奈川だけで良いと応じたため、横浜は開港地として明記されなかった経緯があった。今さら幕府が横浜の開港を申し出ても、すんなりと受け入れるはずもなかった。

ハリスは条約違反を盾に、横浜の開港を拒否し続ける。横浜を出島とまで表現し、幕府との間で激しいやり取りを繰り返した。欧米諸国にとり、出島が貿易制限の象徴として映っていたことは言うまでもないだろう。憤慨のあまり、自分の目の黒いうちは横浜開港を認めない、自分は出島つまり横浜には住まないとまでハリスは言い切っている(青木美智男「東海道神奈川宿と横浜開港─地域史的視点で見る幕末日米交渉史」『東海道神奈川宿本陣石井順孝日記　3』ゆまに書房)。

◎横浜開港を望んだ外国商人側の事情

欧米外交団から激しい抗議を受けた結果、幕府は腰砕けになる。神奈川への居留地設置を受け入れたが、それは神奈川開港を意味するものに他ならなかった。このままでは横浜港は閉港の運命を辿るはずであった。

ところが、日本との貿易のため横浜にやって来た外国商人たちがその流れをひっくり返してしまう。

大型船舶が停泊できる天然の良港を備えるだけでなく、造成されたばかりで人家も立て込んでいない居留地が広がる横浜の方を外国商人側は選んだのである。手広く商売を展開するには、大型船舶が停泊できる港の方が望ましく、取り扱う物品を収める倉庫にしても広いほどよかった。

横浜はもともと農村であり、宅地として未開発の土地もまだまだ残されていた。要するに、住居や倉庫に転用可能な土地が神奈川に比べれば格段にあったため、開港場として発展する可能性を大いに見出したのだ。実際、そうなる。

かたや神奈川は繁華な宿場町で、既に人家が立て込んでいた。土地を確保すること自体、非常に難しかった。

こうして、外国商人たちは土地の借用や家屋の建設を幕府に申請し、横浜の居留地に次々と住みはじめていく。

商人たちに良かれと考えて神奈川開港を幕府に強く求めていた外交団は困惑する。横浜に住居を求めた商人たちに対して神奈川へ移り住むよう説得を重ねるが、無駄骨に終わった。ついには、商人たちの方から横浜を開港場にして欲しいと請願してくる事態となる。

事ここに至っては、外交団も横浜の居留地を認めざるを得なかった。ここに、横浜は開港場として確定する。万延元年(一八六〇)三月のことである。

開港場の横浜を管轄する神奈川奉行だが、安政六年(一八五九)六月の横浜開港とともに新設される。当初は外国奉行五名が兼任し、そのうち一、二名が交代で奉行所に詰める形だったが、翌万延元年九月以降、奉行職は外国奉行の兼任から専任となる。神奈川奉行は横浜に加え、神奈川・保土ヶ谷宿とその周辺地域も管轄した。

（4） 居留地の拡大と神奈川台場の建設

◎関内居留地の拡大と山手居留地の増設

横浜に限らず、開港場には波止場、税関にあたる運上所、そして居留地や日本人町が置かれている。横浜の場合は日本大通りを境として、東側に居留地、西側に日本人町が配置された。この居留地は、関内居留地あるいは山下居留地と呼ばれた。

居留地とは条約を結んだ国の人民の居住と経済活動を許可した場所のことだが、各国の領事館も置かれた。

居留地に住む外国人はイギリス人が多く、アメリカ人、オランダ人と続いた。日本の主要輸出品となる生糸・蚕種紙《さんしゅし》・茶などの買い付け商人が多かったが、日本が内乱状態に陥ると、武器を売り付ける商人が増えはじめる。

居留地には商人のほか、宣教師・医師・技師なども住んでいた。彼らが西洋文明を発信する担い手となるのは、第四・五章で述べるとおりである。

幕府は横浜に開港場を設けるにあたり、周囲を海と川で囲んで陸の孤島にしようと目論んでいた。いわば、長崎の出島のような空間を作ろうとしたのであり、できるだけ外国人を日本人から遠ざけたい幕府当局の意志が透けてくる。

開港には間に合わなかったものの、居留地の東側にあたる山手の麓で堀川の開削を進め、万延元年（一八六〇）八月上旬までにほぼ完成させる。開港場への入り口に架けた橋のたもとには関門と番所（関所）を設置したが、その内側という意味で開港場一帯は関内と称された。居留地が関内居留地と呼ばれた所以《ゆえん》にもなる。

開港後、横浜での貿易が大いに発展したことで、横浜に移り住む外国商人の数が急増すると、関内の居留地だけでは手狭になる。横浜新田や太田屋新田が宅地として整備されることで関内居留地に編入されたものの、それだけでは足りなかった。

幕府は欧米外交団の要請に応え、関内の外側にあたる山手にも居留地を増設する。慶応三年（一八六七）に居留地に編入された山手居留地である。

明治七年（一八七四）には関内・山手両居留地を合わせて、その面積は約三十七万八千坪にも達した。関内居留地は外国商館が建つ商業地域として発展したのに対し、山手居留地は居留民の住宅、学校、教会などが集中する文教地域として発展した。

日本人町に移り住んだ商人を出身地別でみると、江戸が群を抜いていた。次いで、近隣の保土ヶ谷宿、神奈川宿、駿府、横浜村、下田の順だった。橘樹郡など周辺地域からも横浜に進出した商人がおり、生麦村の村田屋与治右衛門はその一人である。村田屋は横浜本町三丁目に百三十坪半の土地を借り、開港直後より運送業、荒物・乾物・舂米《しょうまい》・雑穀商を営んでいる（『名主日記が語る幕末』）。

貿易商はもちろん、需要を見込んで生活物資を扱う商人も進出したことがわかるが、横浜は建設ラッシュに沸いていたことから、大工・左官などの職人も大勢住みはじめる。運送業に携わる人足、彼らに飲食物や日用品を販売する者についても同様であった。

こうして、横浜の日本人の人口は急増した。開港から五年後の元治元年（一八六四）には一万二千人を数えるようになる。

◎中華街の誕生

横浜の居留地には、通商条約の対象国ではない中国人も大勢住んでいた。当時は清王朝の時代であった。

上海や香港などに商館を置いた欧米の貿易商が日本に進出する際は、西洋の言葉や商慣行に通じた中国人のスタッフを連れてくるのが通例だった。中国との貿易は商館に勤める中国人に支えられていたことから、その力を日本との貿易でも借りようとしたのである。

貿易に際して言葉や商慣行の違いはネックとなるが、中国人と日本人には漢字という共通言語があった。漢字で筆談できたため、意思の疎通は可能だった。

よって、英語なりフランス語が読み書きでき、さらに西洋の商取引にも通じた中国人を介在すれば、日本との貿易は成立する。中国や日本の主力輸出品たる生糸・茶に関する知識を合わせ持っていれば、より好都合だ。

そんな中国人が欧米の貿易商に連れられて横浜にやって来たが、貿易をサポートしただけではない。彼らが横浜で生活する上で必要なサービスを提供する者もいた。

既に上海や香港で欧米人の生活スタイルに通じていたことから、居留地で理髪店、靴屋、洋裁店を開く中国人がいた。洋館の建築に携わる工務店やペンキ塗装店を営む中国人もいた。香港や上海で洋館建築に関わって身に付けた技術が役立ったのである。

やがて、横浜にやってきた中国人は関内居留地に編入された旧横浜新田の一角に住むようになる。その後も中国人の集住が続いたことで、現在の中華街が生まれた（『開港150周年記念　横浜　歴史と文化』）。

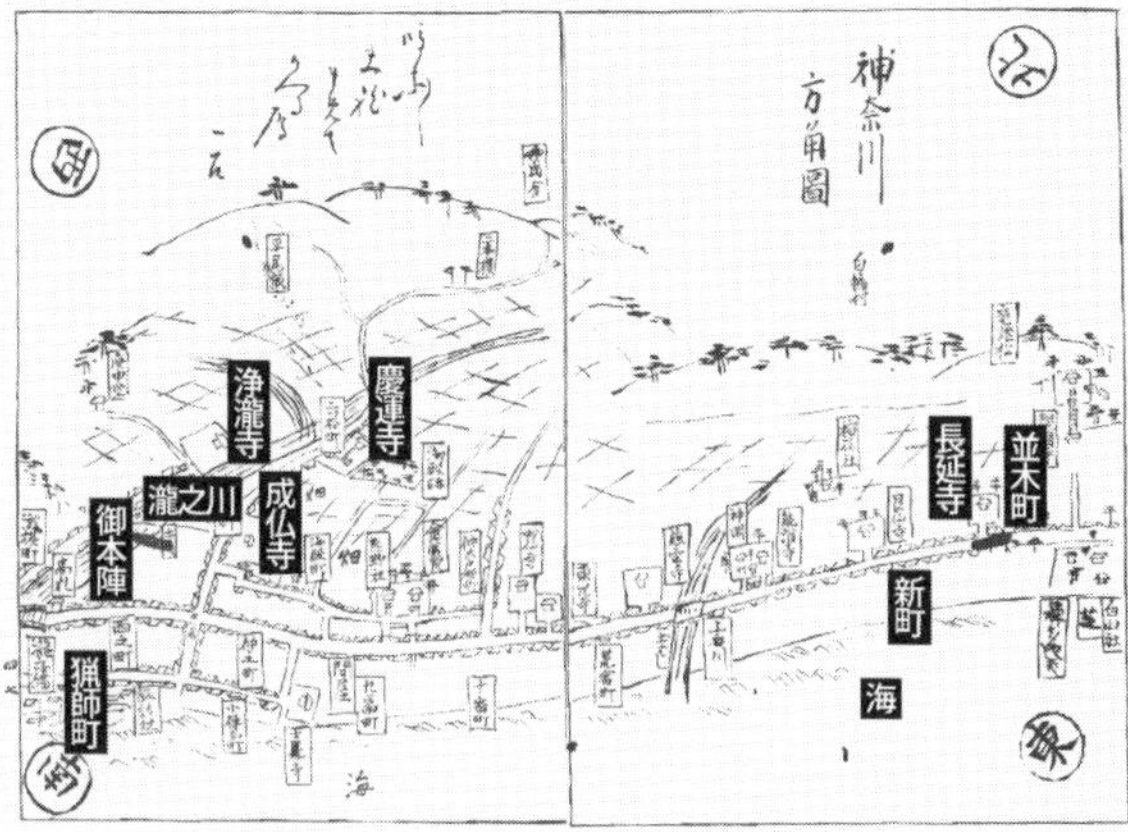

神奈川町付近の図　出典:煙管亭喜荘 著 ほか『金川砂子』,武相考古会,1930.
国立国会図書館デジタルコレクション https://dl.ndl.go.jp/pid/1875135 に加筆

◎勝海舟設計の神奈川台場

幕府は横浜開港に先立って、福井藩松平家と伊予松山藩松平家に横浜沿岸の警備を命じている。福井藩三十二万石は徳川一門の親藩大名、松山藩十五万石は譜代大名が藩主を勤めており、いずれも幕府に近い有力大名だった。

両藩は砲台つまり台場の築造により、海防の任務を果たそうと考えた。幕府の許可も得たが、実現をみたのは松山藩が築いた神奈川台場のみであった。この神奈川台場の設計者こそ、ペリー来航後に提出した上書が幕府当局に認められた勝海舟である。

安政四年（一八五七）に松山藩が神奈川宿の警備を命じられた際、同並木町に台場を築いたが、今回は同猟師町に台場を築くことになった。横浜開港の翌月にあたる同六年七月より工事ははじまり、万延元年（一八六〇）六月に海舟設計の台場が完成する。

神奈川宿沖合約二百メートルの場所に築かれた台場の規模は約八千坪で、十四門の大砲が据え付けられた。台場の築造に際しては、松山藩の御用商人である平野屋たちが工事を請け負い、延べ三十万人が動員された。埋め立てのための土砂は横浜周辺だけでなく、三浦半島からも運ばれた。

品川台場が江戸防衛を目的として築造されたように、神奈川台場は開港場横浜を防衛するために築かれたはずであったが、欧米諸国の事例を参考に別の目的も加わっていく。開港場で行われる外交儀礼の際に、祝砲あるいは礼砲が発射されたのだ。条約締結国の建国記念日や大統領の誕生日に祝砲が、公使・領事の着任や離任に際しては礼砲が発射された。

要するに、神奈川台場に期待したのは外交上の役割だった。欧米の軍事力に遠く及ばない現状を踏まえれば、横浜防衛の役割は期待できないことは幕府も分かっていた。品川台場と同じく、国防に力を入れる幕府の姿勢を内外に誇示できれば良かったのである（「［座談会］「お台場」と江戸湾防備―品川台場と神奈川台場」）。

3. 横浜と攘夷運動～江戸幕府の対外政策

神奈川権現山外国人遊覧（芳員画）　横浜市中央図書館所蔵

（1）貿易の開始と外国人がみた横浜と江戸

◎生糸・茶の大量輸出による国内の品不足

安政六年（一八五九）六月に横浜・箱館・長崎が同時開港となったが、横浜が輸出・輸入量ともに箱館・長崎を圧倒する。ゆうに百万人を越える国内最大の都市・江戸に近い港であった効果が早速表われ、国内の物流に大きな影響を与えたことが想像できる。大量の物資が江戸に運ばれる流通システムが貿易港横浜の発展の追い風になったのだろう。

通商条約に従えば三港に続けて、一八六〇年に新潟の開港、一八六二年に江戸の開市、一八六三年には大坂の開市と兵庫の開港の運びとなるはずであった。ところが、攘夷運動の高まりにより、幕府は予定通りの開市・開港など到底無理な状況に追い込まれる。

文久元年（一八六一）に幕府は外国奉行竹内保徳《たけのうちやすのり》を正使とする使節団をヨーロッパに派遣し、翌二年に開市・開港の五年間延期を定めるロンドン覚書やパリ覚書を締結した。こうして、三港のみの開港という状態がしばらく続くが、この使節団の随員の一人が中津藩士の身分のまま幕府に出仕していた福沢諭吉である。

輸出品の主力は生糸であり、慶応元年（一八六五）には輸出全体の約八〇％を占めた。次いで、茶が約一〇％、蚕卵紙《さんらんし》（蚕蛾《かいこが》に卵を産み付けさせた紙）が約四％、海産物が約三％の割合だった。同三年には、蚕卵紙が大量に輸出されている。ヨーロッパで微粒子病が蔓延し、蚕が全滅の危機に瀕したことが背景にあった。

横浜から生糸や蚕卵紙（蚕種）が輸出される場合、八王子と神奈川を結ぶ神奈川道（八王子道）を経由して運ばれることが多かった。いわゆる絹の道である。

養蚕業が盛んだった東北、関東、甲信地方の山方《やまがた》は生糸の産地であり、開港前は絹織物の生産地にその原料として盛んに送られた。だが、開港後に生糸が輸出品として注目されると、絹の道を経由して横浜へ大量に送られるようになる。

八王子には甲州街道と鎌倉街道が走っていた。つまり、甲州街道経由で信州・甲州産の生糸、鎌倉街道経由で上州・武蔵産の生糸が八王子に集められた後、絹の道を経由して横浜に運ばれた。

一方、輸入品としては毛織物・綿織物・武器・艦船などが挙げられる。慶応元年の数字でみると、毛織物が輸入全体の約四〇％を占め、次いで綿織物が約三三％、武器が七

%、艦船が約六%であった。

開港直後は輸出が輸入を大きく上回ったが、次第に輸入が伸びていく。慶応三年には輸出を上回った（石井孝『幕末開港期経済史研究』有隣堂）。

貿易の開始は国内経済に大きな影響を与えずに措かなかった。なかでも、生糸の大量輸出は深刻な品不足を招く。価格の高騰は避けられなかったが、連鎖反応する形で他の物価まで高騰したことで、事態はより深刻なものとなる。価格のつり上げを狙った商人たちの買い占め、売り惜しみも状況を悪化させた。

その結果、生活苦に陥った者たちの怒りの矛先は物価高騰を招いた外国との貿易に向けられる。攘夷運動が社会に支持され、激化する要因にもなるのだった。

◎外国人の眼に映った横浜

貿易の開始を受けて、横浜には大勢の外国人がやって来たが、その眼にはどう映ったのか。条約に基づき駐在した外交官や対日貿易に利益を求める商人だけでなく、植物採集のため来日したイギリスの植物学者も横浜に足を踏み入れ、見聞録を残している。その名をロバート・フォーチュンという。

東海道の神奈川宿　『幕末日本探訪記』（講談社学術文庫）から

開港の翌年にあたる万延元年（一八六〇）十月に、フォーチュンは長崎に上陸した。長崎の町を見聞した後、海路、横浜へ向かった。

当初、幕府の横浜開港の方針に反発する欧米の外交団は神奈川宿内の寺院に領事館を置き、神奈川を開港して居留地を置くよう強く求めていた。そのため、フォーチュンが来日した頃は横浜開港を外交団も認めていたが、領事館は神奈川宿に置かれたままで、そこに滞在したことが、見聞録からは判明する。

開港を受けて、横浜の居留地には外国商人が居住する家屋が建てられていたが、フォーチュンによれば、その大部分は木材と漆喰で出来上がった平屋建の簡易住宅だった。用材の連結部分をしっかり固着させた耐震対策も施されていた。屋敷内に造った耐火性の建物が商品を貯蔵する倉庫として使われることが多かったという（R・フォーチュン『幕末日本探訪記　江戸と北京』講談社学術文庫）。

要するに、開港当初の外国商人の家屋は日本式の木造建物であった。木材と漆喰で出来上がった平屋建の簡易住宅とは、土や漆喰で木造建物の外側を塗り込めた塗屋《ぬりや》造りの建物のことで、日本の商家では定番の建築様式だった。耐震対策は地震大国の日本ならではの工夫と言えよう。耐火性の建物とは四面を土や漆喰で塗った土蔵のことだろう。いずれも、日本の大工に作らせた建物だったはずだ。

横浜は出来たばかりの港町で、幕末明治の横浜を撮影した写真や浮世絵で描かれたような洋館が立ち並ぶ景観ではなかった。しかし、数年後には様相が一変する。

慶応二年（一八六六）五月、イタリアの海軍中佐アルミニヨンを乗せたマジェンタ号が横浜港に入港する。通商条約締結のための訪日であり、七月には日伊通商条約が結ばれたが、アルミニヨンは横浜について次のように証言している。

その眼に映った横浜はヨーロッパふうの町で、町の内外はヨーロッパの港町と同じような景観であった。家は大体二階建てで、側壁は木材か土、あるいは煉瓦などで作られ、内部にはヨーロッパや中国から渡来した家具が備えられていた。

万延元年時、外国商人は日本人の大工が建てた平屋建ての木造家屋に住んだが、それから六年後には煉瓦造りの二階建て建物つまり洋館に住む者もいたのだ。イギリス人、アメリカ人、ドイツ人の店には西洋人が必要とするすべての品が揃っていたとも語っており、横浜はヨーロッパにいるかのような感覚に陥る町へと変身していた（V・F・アルミニヨン『イタリア使節の幕末見聞記』講談社学術文庫）。

同年七月、フランスの海軍士官として来日したデンマーク人のスエンソンの見聞録にも同様の証言がみられる。海から見ると横浜は完全にヨーロッパの町である。横浜の埠頭は常に軍艦や商船でいっぱいで、礼砲のやり取りのない日は稀だったという。わずか数年でヨーロッパ人からヨーロッパの町と評価される貿易港に成長したのである（E・スエンソン『江戸幕末滞在記』講談社学術文庫）。

◎外国人の眼に映った東海道

日本にやって来た外国人は開港地に上陸した後、そのまま日本を去ったわけではない。日本各地を訪れたいと念願していたが、特に江戸の人気は高かった。よって、来日外国人が残した見聞録には、総じて江戸を訪れた際の記述がみられる。先に登場したイギリスの植物学者フォーチュンもその一人だった。

フォーチュンは開港したばかりの横浜に関する貴重な証言を後世に残したが、江戸に関する記述も詳細である。江戸駐在のイギリス公使オールコックからの招きを受ける形で、フォーチュンは東海道経由で江戸に向かっている。当時は国内旅行が許されておらず、公使を通じて幕府の許可を事前に取る必要があった。

フォーチュンは馬に乗って江戸に向かったが、幕府からは警護の武士が付けられている。言うまでもなく、攘夷の志士からの襲撃を防ぐためだ。当時、フォーチュンが居住するイギリス領事館はまだ神奈川宿に置かれていたため、神奈川からのスタートとなった。

横浜や江戸だけでなく、東海道の沿道風景に関する証言も非常に興味深いところだが、植物学者らしく街道沿いの樹木には特に注目する。沿道にはスギ、クロマツ、エノキ、ケヤキが植えられていた。

街道の目に付くところには、旅行者が食事や休憩に立ち寄る茶店が数百ヤードおきにあった。そんな茶店に近づくと、きれいな娘たちが上等の茶を入れた茶碗をいくつもお盆に載せて街道の真ん中まで出迎えにきたという。旅の疲れを回復するよう、食事をしきりに勧めてきた。

その茶店ではなかったようだが、フォーチュンたちは普通よりも幾分か大きい茶店に入って休憩している。恐らく生麦村の茶店だろう。神奈川宿と川崎宿の間にあった生麦村は立場と呼ばれ、村内の街道筋に茶店などが立ち並んでいた。

フォーチュンによれば、東海道を経由して江戸との間を行き来する旅行者は非常に多く、時折、高貴の人たちの乗り物の跡に続く、足軽や武士の長い行列に出会ったという。参勤交代で江戸と国元の間を行き来する大名行列のことである。

川崎宿を過ぎると、多摩川が現れた。この時代、幕府は主要街道を横切る大河川には軍事上の理由で架橋しないのが原則だった。架橋されていると迅速な軍事行動が可能になり、江戸の防衛が危うくなると懸念し、敢えて架橋しなかった。東海道と交差する多摩川などはまさに江戸の防衛線であり、橋は架けられず、渡し船が両岸を行き来した。六郷の渡しであった。

フォーチュンたちも馬から降りて渡し船に乗り、対岸に渡っている。馬も別の渡し船で渡った。

多摩川を越えると、再び馬に乗って東海道を進んだ。途中、大森の茶屋で休憩した後は、一路江戸に向かった。前方に品川の海が見えてくると、街道は次第に通行人が増え、上等の建物や店が現われた。すべてが首都に近づいていたことを示していた。

フォーチュンは品川で停泊中のアメリカ軍艦ナイアガラ号を見ている。日米通商条約の批准書を交換するため、この年（万延元年）、幕府は外国奉行新見正興《しんみまさおき》を正使とする遣米使節を首都ワシントンに派遣したが、その際に勝海舟が指揮を執る咸臨丸も太平洋を横断したことは良く知られているだろう。

遣米使節一行は任務を終えると、ナイアガラ号に乗船し、大西洋、喜望峰経由で帰国した。使節を日本に送り届けて品川沖に投錨していたナイアガラ号を、偶然にも目にしたのである。

品川宿を過ぎると、宿所となるイギリス公使館が置かれた東禅寺が現れる。オールコックが通商条約の批准書交換のため来日した際、公使館に当てられた建物は洋式に改造されたという。

◎外国人の眼に映った江戸

江戸に着いたフォーチュンがまず向かったのは愛宕山である。山頂から江戸の三分の

愛宕山への石段　横浜開港資料館所蔵

一が見渡せるとされ、江戸の観光名所になっていたが、開港後は外国人にも人気を呼ぶ。フォーチュンは山麓に馬を預け、山頂まで長い石段を登った。

愛宕山からみた江戸の町は美しかった。眼下に果てしなく広がる町並みを見て、江戸が大都市であることを確認した。

訪日前、フォーチュンは香港にいた。二百万人もの人口を持つ都市という話は聞いていたものの、誇張ではないかと疑っていた。さすがに二百万人は住んでいなかったものの、当時の江戸は百数十万人が住む巨大都市だった。そんな江戸の町を愛宕山から実見したことで、香港で聞いた話が事実であることを確かめたのである。

染井之植木屋（北尾政美画） 東京都立図書館所蔵

愛宕山を降りたフォーチュンは、江戸城やその周囲に広がる大名屋敷を見て回った。だが、植物学者として是非とも訪れたかったのは江戸の郊外だった。

江戸は観賞用植物の需要が非常に大きく、郊外の農村では大量に栽培・出荷されていた。現在の東京都豊島区にあたる江戸東北郊の染井村、駒込村、巣鴨村が代表的な産地だが、桜の代表的な銘柄であるソメイヨシノを作り出した染井村に至っては、その名が世界にも知られた。そもそも、フォーチュンが江戸へやって来た主要な目的の一つは観賞用植物の産地調査であった。

念願の染井村にやって来たフォーチュンは、村全体が植物を栽培する苗木園《なえぎえん》で網羅された光景を目《ま》の当たりにし、これほど大規模に売物の植物が栽培された事例は、世界のどこへ行っても見たことがないと感嘆する。その関心は鉢物の栽培方法にも向けられ、イギリスと同じであることに注目している。染井村では、サボテンやアロエのような南米の植物まで栽培されていた。

その後、江戸を去ったフォーチュンは東海道を逆戻りする形で神奈川に戻るが、川崎宿で道を変え、川崎大師に参詣している。横浜居留地の外国人の間では人気の観光名所であった。

しばらく神奈川の領事館にいた後、フォーチュンは上海に向かう。入港していたイギリスの汽船イングランド号が折しも上海に戻ることになったからだ。同号に乗船し、上海に向かった。

翌文久元年（一八六一）にも、フォーチュンは上海から長崎経由で横浜を再訪している。日本の植物採集に勤《いそ》しんだが、江戸も再び訪れた。この時の訪日では、古都鎌倉の観光も楽しんでいる。

◎横浜浮世絵の登場

当時の日本は写真がまだ普及しておらず、視覚に訴えるメディアとしては浮世絵が強い影響力を持った。世間の話題を集める流行り物が浮世絵の題材に選ばれることが多かったため、開港されたばかりの横浜は格好の題材となる。

ペリー来航時に見物人が黒船見たさに押し寄せたように、外国ネタは庶民の間でも関心が高かった。それは鎖国の時代からの傾向だが、話題性があれば売り上げが期待できる以上、横浜が取り上げられたのは至極当然のことである。

もちろん、瓦版や絵地図でも取り上げられたが、ビジュアルさで言えばカラフルな浮世絵には敵わなかった。横浜を題材とした浮世絵が大量に製作されたことで、横浜絵、あるいは横浜浮世絵と呼ばれる浮世絵のジャンルまで生まれたほどだった。

浮世絵は国内最大の都市・江戸が最大の市場であった。主に美人画、役者絵、風景画の三種類に大別される。

美人画は女性の美しさを強調して描いた絵で、水茶屋の女性や吉原遊女がモデルだった。鈴木春信、鳥居清長、喜多川歌麿が代表的な浮世絵師である。歌舞伎役者をモデルとした役者絵は容貌上の特徴を描き分ける似顔絵のようなもので、東洲斎写楽の作品が有名だ。風景画は名所を描いた絵で、葛飾北斎の「富嶽三十六景」、歌川広重の「東海道五拾三次」が代表的な作品であった。

幕末に入ると、外国人が画題に取り上げられるようになる。横浜などの開港や自由貿易の開始、そして江戸に外国公使館が置かれたことで、外国への関心が高まったからである。フォーチュンのように愛宕山を見物した外国人を描いた作品などがあるが、横浜を取り上げた浮世絵もこの範疇に含まれるだろう。

浮世絵の製作・販売のシステムは次のとおりである。

版元は描くテーマを決めると、抱えの浮世絵師に下絵を描かせたが、そのまま製作が進められたのではない。町奉行所の下で行政事務にあたった町名主の許可を得てから、製作に取り掛かっている。事実上、幕府の検閲を受けた上で製作・販売された。

初刷りは二百枚が相場で、価格は一枚十六〜二十四文が標準だった。かけそば一杯の値段が十六文であるから、一枚数百円で買えた計算だ。版元が店舗で売るほか、絵双紙問屋や絵双紙屋の店頭でも市販された。

江戸でも人気があった横浜浮世絵の作品総数は八百四十点余りとされるが、半数以上は開港間もない万延元年（一八六〇）から文久元年（一八六一）にかけて製作された。内容でみれば、来日した外国人の容姿・生活を描いた作品と、横浜の街並みを描いた作品の二つに大別される。

外国人男女子供遊（芳員画）　横浜市中央図書館所蔵

万延元年から文久元年にかけての作品のテーマは主に外国人だったが、開港したばかりであり肝腎の外国人の情報は少なかった。そのため、製作にあたっては西洋人が登場する出版物や外国の新聞に掲載された挿絵、長崎を描いた版画などが参考にされている。

文久二年からは、内容説明の文章が多くなるが、その内容はかなり正確だった。それだけ、外国人の情報が増えてきたのだろう。

慶応二年（一八六六）からは、変わりつつある横浜の町並みや洋風建築などを描いた作品が大半を占めるようになる。明治に入っても、その傾向は続いた。

このような横浜浮世絵が大量に製作されたことで、横浜の関心はいやが上にも高まる。

その発展を後押しする役割を果たした。

横浜を描いた浮世絵師としては歌川（五雲亭）貞秀《さだひで》のほか、歌川（一勇斎）国芳門下の芳員《よしかず》たちが代表格である。

外国人の風俗を描いた貞秀の作品としては、オランダ人が横浜の波止場を家族と散策する様子を描いた「横浜休日　阿蘭人遊行」（文久元年）がある。芳員には外国人の子供たちが遊ぶ姿を描いた「外国人男女子供遊」（万延元年）などの作品があった。

横浜の街並みを描いた貞秀の作品としては、開港されたばかりの横浜の本町通りを描いた「神名川横浜新開港図」（万延元年）のほか、横浜港と町を俯瞰する形で描いた「神奈川横浜港案内図絵」（万延元年）が挙げられる。芳員には居留地の洋館を描いた「横浜異人館之図」（慶応二年）などの作品があった。

浮世絵は江戸が最大の市場となっていたが、その点、横浜浮世絵は有利だった。江戸に近い開港地であったことで大きな関心を呼び、江戸で売り上げを伸ばしたことは想像するにたやすい。その結果、八百四十点余もの作品が製作されたのである（横田洋一編『横浜浮世絵』有隣堂）。

（2）外国人殺傷事件が頻発した横浜と江戸

◎攘夷の志士による外国人殺傷事件

自由貿易の開始により、名実ともに日本は開国の時代に入るが、外圧が契機となったことは国内に大きな不満を生む。ペリー来航以前より異国船の来航は頻繁で、攘夷論が広まりつつあったが、欧米諸国の軍事力の前に和親条約そして通商条約の締結に幕府が追い込まれたことは大きかった。

欧米への反発はより高まり、攘夷運動が激化する。幕府への不満も増す一方となった。その上、欧米諸国との貿易が開始されると、生糸の大量輸出による国内の品不足が引き金となって諸物価は高騰する。いきおい、生活苦に陥った者たちの怒りは攘夷運動に転化していった。

こうして、過激な攘夷の志士による外国人殺傷事件が頻発する。ただ、外国人の行動範囲は条約で制限されており、たいていは外交官が常駐した江戸や開港場で事件が起きた。横浜の場合は東海道から少し離れていたとはいえ、江戸に近かったことで事件が起

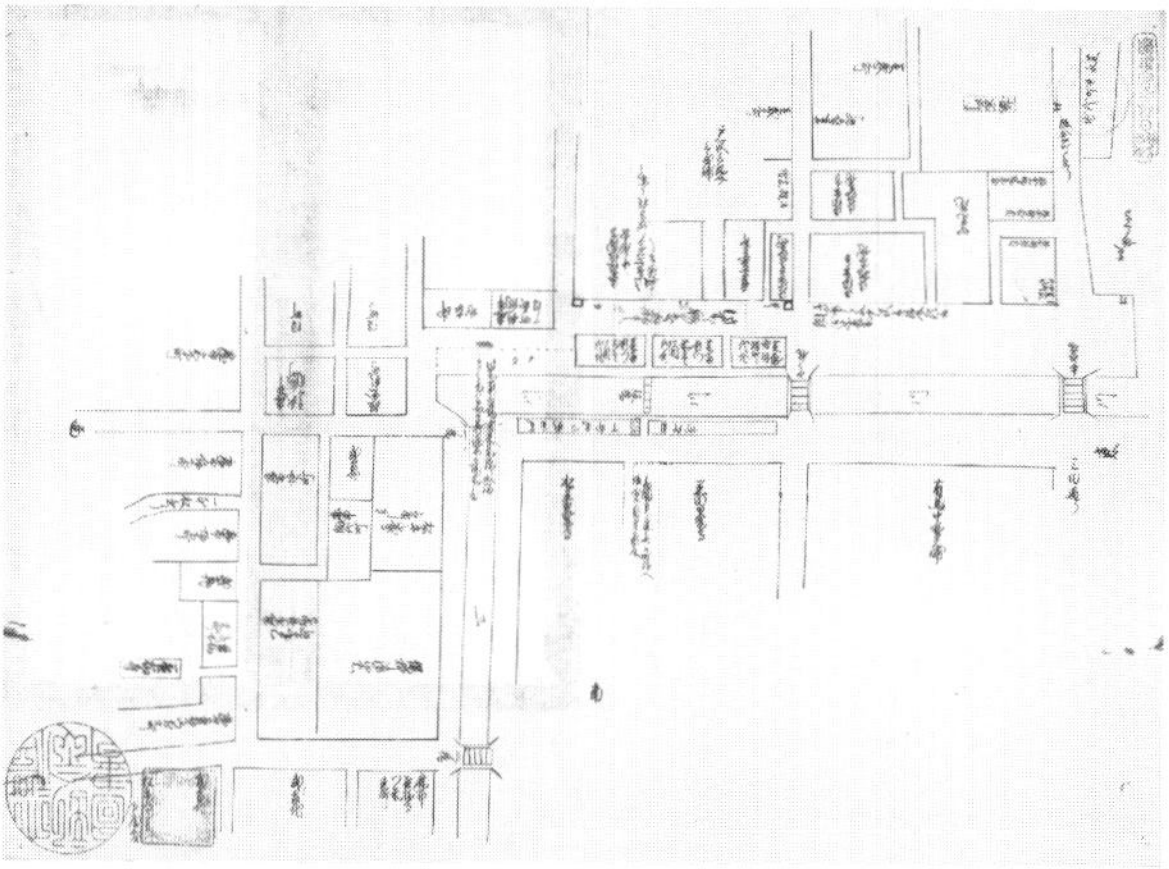

米国公使館通事ヒウスケン遭難関係地図　東京都立図書館所蔵

きやすかった。

開港直後の安政六年（一八五九）七月二十七日に、攘夷の志士が横浜の日本人町でロシアの海軍士官と水兵を殺傷する事件を起こす。横浜を管轄する神奈川奉行は神奈川宿の旅籠屋を一軒ずつ吟味し、多摩川の六郷の渡しなどにも役人が向かうが、犯人は分からず仕舞いだった。後に水戸藩士小林幸八《こうはち》による事件と判明する。

十月十一日、フランス領事代理ルーレイロの清国人召使が襲撃された。洋服を着用していたことで、ヨーロッパ人に誤認されたのだという。安政七年二月五日にはオランダ船長たちが殺害される事件も起きた。幕府は両事件についても襲撃犯を捕縛《ほばく》できず、欧米外交団の不満は高まる。

公使館が置かれた江戸でも攘夷の志士による外国人殺傷事件が起きていた。アメリカ公使館は善福寺の境内に置かれたが、万延元年十二月五日（一八六一年一月十五日）に通訳のヒュースケンが古川中ノ橋で浪士の集団に襲撃され、落命している。赤羽の接遇所（外国人宿泊所）から善福寺への帰途、襲われた。

この事件を受けて、フランス、イギリス、オランダの各国代表は幕府の警備態勢を非難し、横浜に一時退去する。ちなみに江戸に駐在する外交官個人に対する警備は外国奉行と江戸町奉行所、公使館全体の警備は諸大名が担当していた。

文久元年（一八六一）五月二十八日には、イギリス公使館が置かれた東禅寺が十数名の水戸浪士たちに襲撃されたが、警備にあたった幕府の外国御用出役《ごようでやく》や諸藩の藩士が撃退する（第一次東禅寺事件）。同年正月、幕府は公使館と外国人警備にあたる外国御用出役（後に別手組と改称）を新設し、幕臣子弟のうち武術に長じた者を登用していた。

同二年五月二十九日には、東禅寺の警備を担当する松本藩の藩士伊藤軍兵衛が同寺を襲撃した。イギリス人二人を殺傷した後、切腹して果てた（第二次東禅寺事件）。

公使館の襲撃事件も相次いだことで、幕府は欧米諸国の要請を踏まえてイギリス・フ

東禅寺事件図　出典：ColBase（https://colbase.nich.go.jp/）

ランス・アメリカ・オランダ四カ国の公使館を品川御殿山に集中させることを決める。山の上に設置することで警備体制の強化を目指したが、十二月十二日に長州藩士の高杉晋作たちがほぼ完成状態のイギリス公使館を焼き討ちしてしまう。

驚愕した各国公使たちはアメリカ公使を除いて横浜に引き揚げてしまう。結局、各国は横浜居留地にも洋風の公使館を建設し、併用する形で明治を迎える（港区立郷土資料館『江戸の外国公使館』）。

このように、江戸でも外国人襲撃事件が頻発したが、それは江戸の治安悪化を意味するものでもあった。よって、外国人や公使館だけでなく、市中の警備も強化された。市中の警備は町奉行所や火付盗賊改《ひつけとうぞくあらため》の職掌だったが、文久三年からは新徴組が加わっている。

新徴組は幕府が浪士を集めて結成させた浪士組の流れを汲み、幕府が市中の警備にあたらせた庄内藩の支配下に置かれた。なお、同じ浪士組の流れを汲んでいたのが新撰組だ。藩主が京都守護職を勤める会津藩の支配下に置かれて京都市中の警備にあたった。

◎警備地域の拡大と見張番屋の設置

警備体制の強化にも拘わらず、幕府は攘夷の志士による外国人襲撃事件を抑え込めなかった。ついには、公使館が横浜居留地に避難するかのような事態となるが、警備体制が強化されたのは横浜にしても同じである。

幕府は居留地の東側に堀川を開削することで、開港場を海と川に囲まれた陸の孤島とした。外国人を日本人とできるだけ接触させないようにという幕府当局の意志が働いていたが、攘夷運動の激化により、期せずして志士たちの襲撃を防ぐ役割を果たした。陸の孤島たる開港場への出入り口に架けた橋のたもとには関所を設置し、通行を改めた。

だが、度重なる外国人襲撃事件を受け、安政六年（一八五九）暮れからは横浜町や神奈川宿の出入り口にも関門や見張番屋が設置される。番屋には神奈川奉行所の同心などが常駐した。その後、横浜町内や神奈川宿内にも見張番所が設けられ、同じく同心たちが詰めた。

開港場には木戸と自身番屋が置かれた。

当初横浜の日本人町は一丁目から五丁目まで五つの町から構成されたが、横浜に限らず、町の境ごとには木戸が設けられるのが通例である。江戸の町の場合、木戸は夜四つ(午後十時）になると締め切られ、夜陰に紛れて盗賊や放火犯が町内に入り込むのを防いだ。木戸の脇には番屋が置かれ、町で雇用した番人が詰めた。これを木戸番という。

自身番屋とは各町が置いた事務所のことだが、町人が交代で詰めて自身番と呼ばれた番人の勤めを果たした。番屋内には町内で捕えた不審者を留め置く仮牢が設けられ、町を巡回する奉行所の役人が立ち寄って取り調べを行った。木戸も自身番屋も、神奈川奉行所による横浜警備体制の一翼《いちよく》を担《にな》う施設だった。後には、江戸から派遣された火付盗賊改の同心も自身番屋に詰めている。

翌年に入ると、警備の範囲は横浜・神奈川以外の地域にも広げられた。

同年二月末から閏三月にかけて、東海道などの各往来のほか、多摩川・相模川・鶴見川の渡船場や橋などに見張番屋が設置されている。横浜・神奈川に近い鶴見川流域には木戸も設置された。

外国人への襲撃事件が起きた時、横浜・神奈川以外の各見張番屋や木戸にも通達する体制が構築されたのである。襲撃犯の逃亡を防ごうとしたわけだが、番屋や木戸の建設・維持費は当該地域に割り当てられた。村役人や農民、村が雇った番人も常駐することになっており、農村側の負担は重かった。

横浜周辺の警備に際しては、勘定奉行配下の関東取締出役も派遣された。八州廻りとも呼ばれる関東取締出役は関東の農村を巡回し、不審者などを捕縛して治安の維持にあたった役職である。

◎外国人の遊歩地域と井土ヶ谷・鎌倉事件

幕府が警備地域の拡大を余儀なくされた背景には、外国人遊歩地域の問題もあった。外国人は居住が義務付けられた居留地とは別に、自由に行動できる遊歩地域が条約で定められていた。横浜居留地に住む外国人の場合、東側は多摩川まで、それ以外は十里四方まで外出できるとされた。

これにより、東は多摩川、西は酒匂川《さかわがわ》、北は八王子周辺まで外出が可能となる。それに伴い、外国人との接し方に関する御触が村方には出された（『川崎市史　通史編二近世』）。

万里の波濤を越えて開港したばかりの日本へやって来た外国人にしてみれば、自由行動が許された遊歩地域内を観光したいところである。鎌倉・江の島・金沢八景・川崎大師・藤沢宿の遊行寺《ゆぎょうじ》などが外国人に人気の観光名所だった。だが、行動範囲が広がれば警備地域の拡大は避けられない。襲撃を受ける可能性も高くなる。

実際、外国人襲撃事件は横浜以外の場所でも起きた。文久二年（一八六二）に起きた生麦事件は有名だが、翌三年九月二日には井土ヶ谷事件が起きている。

井土ヶ谷事件の跡

この日、フランスの陸軍士官アンリ・カミュたち三名が武州久良岐郡井土ヶ谷村を騎行していたところ、攘夷の志士たちに襲われ、カミュが命を落としている。遊歩地域内での事件だったが、襲撃犯は分からず仕舞であった。

翌元治元年（一八六四）十月二十二日にも鎌倉事件が起きる。鎌倉見物に出かけたイギリスの陸軍士官ボールドウィンとバードが攘夷の志士に襲われ、二名とも殺害された。鎌倉事件については襲撃犯が捕縛され、処刑されている。

（3）生麦事件と開戦危機

◎薩摩藩の国政進出と生麦事件

江戸や横浜などで頻発する外国人殺傷事件への対応に苦慮していた幕府だが、生麦事件では賠償金支払いを要求するイギリスとの戦争を覚悟しなければならなくなる。薩摩藩主島津茂久《もちひさ》の実父久光の行列が生麦村を通過する際、イギリス人を殺傷に及んだ事件だが、当時薩摩藩は国政進出を目指していた。

ペリー来航という国難をきっかけに、幕政から排除されてきた親藩大名や外様大名が国政進出の意思を示したことは第一章で述べたとおりである。将軍継嗣問題にまで介入しようとしたものの、その動きを危惧した大老井伊直弼の粛清に遭う。

安政の大獄により、親藩・外様大名が国政に進出する道はいったん閉ざされたが、井伊が桜田門外の変で非業の死を遂げると、その道は再び開かれる。有力外様大名の長州藩が直目付《じきめつけ》の長井雅楽《うた》を通じて、通商条約を認めるべきという趣旨の開国論（航海遠略策）を朝廷に献策したいと提案してくると、朝廷への周旋活動を依頼した。文久元年（一八六一）十二月のことである。

勅許を得ずに条約を締結したとして、尊王攘夷派の公家や志士に激しく責め立てられた幕府からすると、長州藩の提案は渡りに船だったのだ。こうして、長州藩は外交問題を梃子に念願の国政進出を果たす。

早速、長井は公家たちの説得を開始したが、長州藩内では航海遠略策への反発が非常に強かった。その結果、航海遠略策は破棄され、翌二年七月に「破約攘夷」が藩論となる。通商条約を破棄して攘夷を実行するよう、朝廷を通じて幕府に働きかける方針に藩論を百八十度転換させた。

長州藩が国政進出を実現したことは他の有力外様諸藩に大きな刺激を与える。先に御三卿一橋徳川家の当主慶喜《よしのぶ》を将軍継嗣に推すことで国政進出を目指した薩摩藩などは最も刺激を受けたはずだ。

薩摩藩の最高実力者であった久光は朝廷の権威(勅使)を後ろ盾に、国政進出をはかる。具体的には、亡兄斉彬《なりあきら》が将軍継嗣に推した慶喜を将軍後見職に、福井前藩主松平春嶽《しゅんがく》を大老職に据えることを目指した。春嶽は斉彬と共に慶喜の擁立をはかった人物だが、久光としては慶喜と春嶽を幕閣に送り込むことで、幕政への発言権を確保しようと目論む。薩摩藩の代弁者として動いてくれることを期待した。

久光の意を汲んだ勅使大原重徳《しげとみ》が東海道経由で江戸に向かったのは、五月二十二日のことである。久光率いる薩摩藩士約千名に守護された勅使は、六月七日に江戸に入った。朝廷の権威と薩摩藩の武力をもって最高人事に介入してきた久光に、当然ながら幕府は嫌悪感を持ったが、その威嚇に押し切られる。七月六日、慶喜が後見職に、九日には春嶽が政事総裁職(大老職に相当)に就任した。

所期の目的を達した久光は、再び東海道を経由して京都に戻る。ところが、江戸を出立した八月二十一日に神奈川宿近くの生麦村で事件が起きる。

この日、横浜の居留地にいたリチャードソンたちイギリス人の男女四人は川崎大師に

生麦事件の現場　横浜開港資料館所蔵

向かうため、東海道を東へ騎行していたが、東海道を西に向かう久光の行列に生麦村で鉢合わせする。騎馬のまま行列の中に入ってしまい、警護の薩摩藩士に斬り付けられた。

リチャードソンは落命し、ほか二名も重傷を負う。生麦村の「関口日記」には、異人四人のうち一人が即死、他三人は神奈川へ逃げた。遺体は異人が大勢やって来て引き取ったとある。

久光の行列は神奈川宿に宿泊する予定だったが、次の保土ヶ谷宿での宿泊に急遽変更する。横浜居留地にいた欧米人との衝突を避けるためであったはずだ。横浜にはイギリス軍艦も入港していた。

事件の報に接した神奈川奉行は薩摩藩に報告を求める。当初は薩摩藩と無関係の者が殺傷したと報告していたが、後に薩摩藩の足軽の仕業に変更される。

神奈川奉行は薩摩藩に対して保土ヶ谷宿にとどまるよう求めるが、久光はその制止を振り切り、翌日には保土ヶ谷宿を出立する。そのまま東海道を西へ向かい、閏八月七日、京都に到着した。

◎居留地襲撃の風聞とイギリス軍艦の横浜入港

生麦事件は偶発的な事故だったが、当然ながら横浜居留地の欧米人たちは激高する。強硬措置を取るよう外交団に求めた。

イギリス代理公使のニールは居留民の鎮静化に努めるとともに、犯人の捕縛、警備の強化、居留民の保護を幕府に要求した。そして、本国外相の訓令を待ったが、今度は居留地が襲撃されるという風聞がまことしやかに流布したため、居留民は大混乱に陥る。幕府もこれを看過できず、江戸から警備兵を派遣した。攘夷の志士による襲撃の風聞は既に幾度となく流布していた。

翌文久三年（一八六三）正月、ニールのもとに本国から訓令が届く。幕府に謝罪と賠償金十万ポンドの支払い、当事者の薩摩藩には賠償金二万五千ポンドの支払いと襲撃犯

生麦の発殺（松山画）　横浜市中央図書館所蔵

の処刑を求めるというものだった。イギリスは幕府と薩摩藩にこの要求を呑ませるため、十二隻の軍艦を日本に派遣する。

折しも、将軍家茂《いえもち》が江戸城を出て京都に向かおうとしていた時期にあたった。幕府はイギリス艦隊の動向を危惧し、当初予定した海路での上洛を中止する。家茂が江戸城を出発して東海道を西に向かったのは、二月十三日のことである。

イギリス軍艦が横浜港に入ったのは直後にあたる二月下旬だった。ニールはこの軍事力を背景に、謝罪と賠償金支払いに応じなければ開戦も辞さない強硬姿勢を取った。幕府は大混乱に陥る。

イギリスの要求に屈して賠償金を支払うかどうかをめぐり、江戸城内では小田原評定が展開された。その裏には、幕府に攘夷の実行を求める朝廷からの激しい突き上げがあった。朝廷からすれば、打ち払うべきイギリスに賠償金を支払うなど到底容認できることではなかった。幕府は賠償金を支払えない状況に追い込まれる。

しかし、イギリスの要求を受諾しなければ開戦となる。そんな緊迫した状況は、やがて市中に伝わり、江戸は大混乱に陥った。

◎江戸と横浜の大騒動

この頃、中津藩士の身分のまま幕府の外国方に出仕中の福沢諭吉は、江戸城内で翻訳事務にあたっていた。もともと福沢は蘭学を学んでいたが、安政六年（一八五九）のある日、開港地の横浜の見物に出かけた。

ところが、横浜居留地ではオランダ語がさっぱり通じなかった。福沢は大変なショックを受けて江戸に戻るが、居留地で見たり聞いたりした外国語は英語だったことが分かると、一念発起して英語を学びはじめる。

翌七年には咸臨丸で渡米したが、文久元年（一八六一）には開市・開港の延期交渉のため派遣された幕府使節団の随員として渡欧している。当時は江戸城内で翻訳業務にあたったが、開戦も辞さない強硬姿勢を幕府に伝えるイギリス側の書簡を翻訳する立場にいたのが、他ならぬ福沢であった。賠償金支払いに関する評議がまとまらない状況も知っていた福沢は、これでは戦争になりそうだとして、逃げ支度を考えたほどである（『新訂福翁自伝』）。

文久三年三月十三日、開戦の危機を感じた幕府は市中の婦女子や病人などが江戸近郊へ立ち退くことを許したため、江戸の出入口は避難民でごった返す。家財道具を江戸から疎開させる者も続出した。

イギリスとの開戦危機を受け、江戸に屋敷を持つ諸大名も対応を迫られた。尾張藩主の徳川茂徳《もちなが》などは、江戸藩邸内の婦女子に帰国を命じている。本来ならば東海道を経由して国元の名古屋に向かうところだった。だが、東海道沿岸を通ると、イギリス軍艦による砲撃の危険性があるため中山道経由で帰国させている。

そして、江戸藩邸に道具屋を呼び、婦女子の持ち物の中で持ち帰れないものを売り払った。百両の品も二〜三両で売り払ったという。戦争になれば江戸は火の海となる以上、二束三文でも売り払ってしまおうとしたのである（『嘉永明治年間録　下』巌南堂書店）。

イギリス軍艦が入港した横浜も大混乱の渦中にあったが、周辺地域も同様だった。幕府が開戦になるかも知れないと通達したことで、神奈川宿は疎開騒ぎとなる。

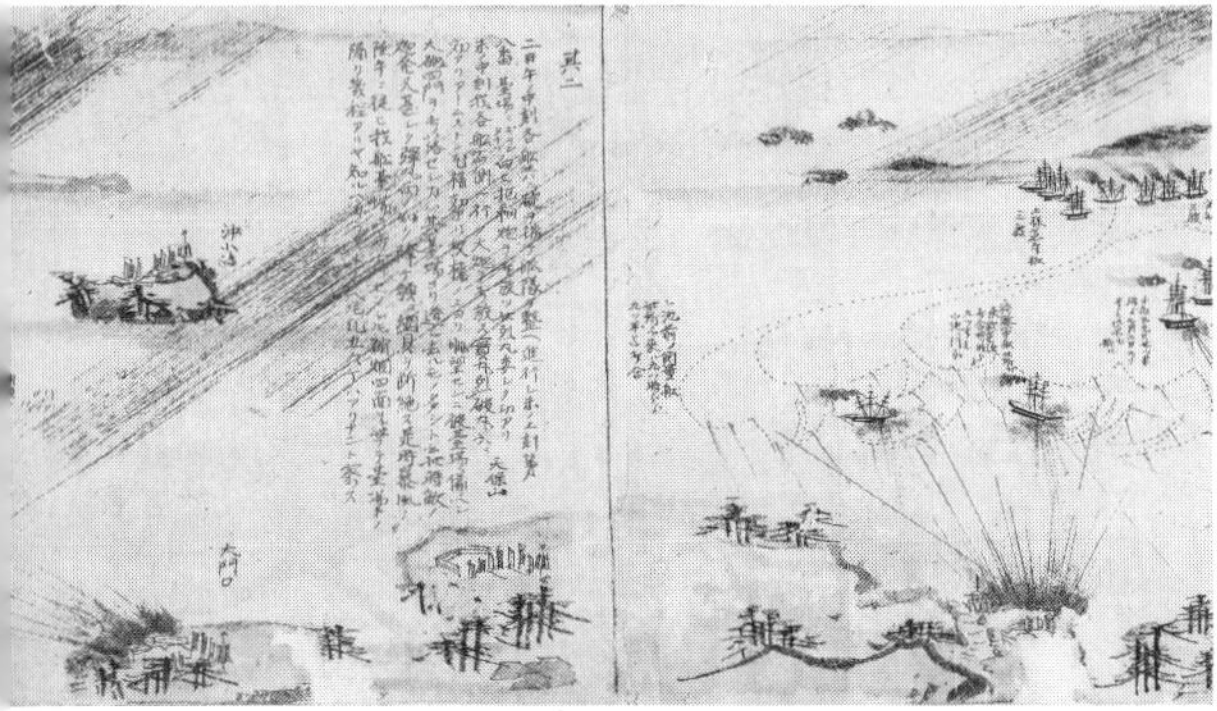

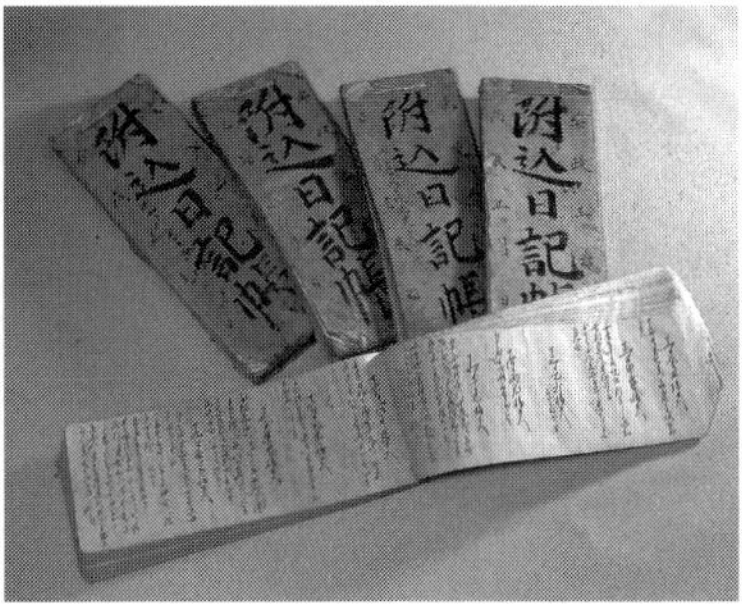

「関口日記」の原本　横浜開港資料館所蔵

生麦村の「関口日記」によれば、三月十七日に神奈川奉行所から生麦村に疎開命令が伝えられたため、翌十八日、関口家では衣類や古金類を戸塚宿の親戚に預けている。十九日には母や祖母を避難させた（『名主日記が語る幕末』）。

生麦事件が引き起こした開戦騒ぎの顛末だが、幕府は朝廷の猛反発を危惧しながらも、結局のところイギリスの強硬姿勢に屈する。五月九日に幕府代表の老中格小笠原長行《ながみち》が横浜に赴いて十万ポンドの賠償金を支払ったため、江戸での開戦の危機は去った。

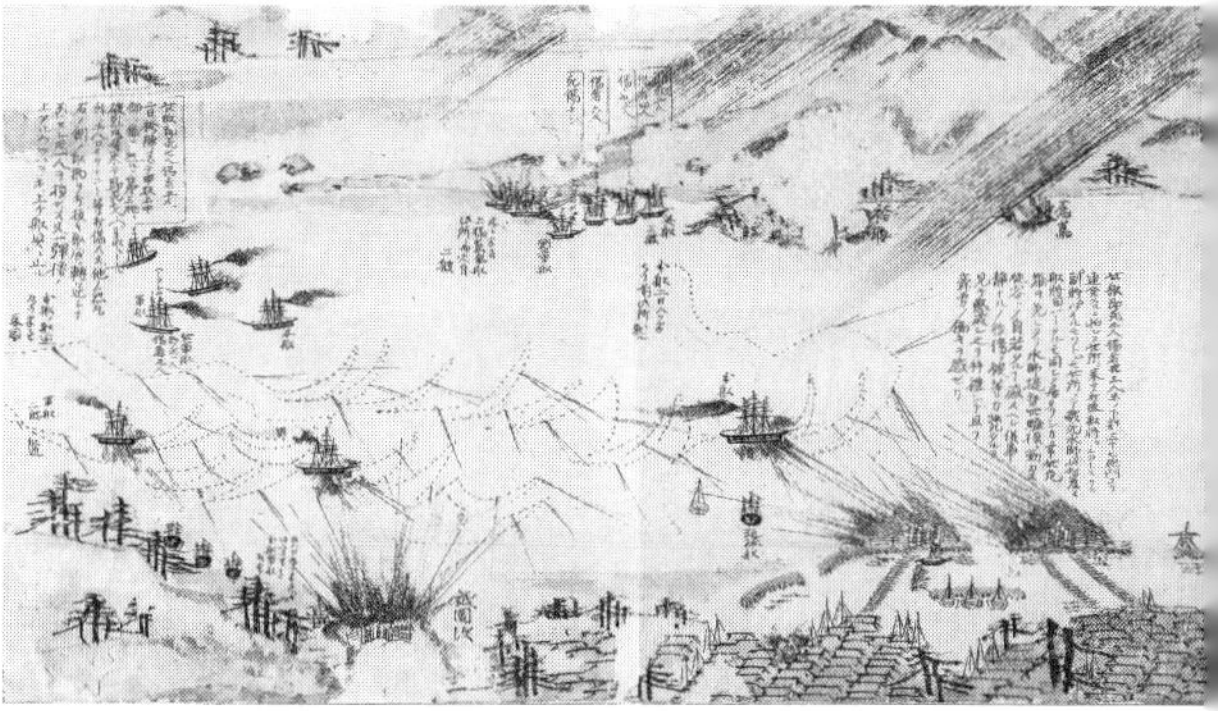

薩英戦争絵巻（部分） 鹿児島県立図書館所蔵

イギリスは幕府を屈服させると、当事者の薩摩藩に犯人の処刑と賠償金の支払いを求めるため、軍艦七隻を横浜から鹿児島湾に向かわせる。薩摩藩との開戦の時が迫っていた。

◎薩英戦争と横浜での講和交渉

六月二十二日に横浜港を出港したイギリス軍艦七隻は、同二十八日に鹿児島湾へ入った。薩摩藩ではこの日が来るのを予期し、鹿児島湾の防備を強化していた。約九十門の大砲が据え付けられ、藩士たちは砲撃訓練を重ねた。

イギリスは犯人の処刑と賠償金の支払いを求めたが、交渉は難航する。しびれを切らせたイギリスは、七月二日に薩摩藩の蒸気船三隻の拿捕《だほ》に踏み切る。賠償金の代りにしようとしたが、これを機に薩摩藩は開戦を決意する。

天保山砲台からの砲撃を合図に、イギリス艦隊への砲撃を開始した。薩英戦争の勃発である。その大砲は旧式砲だったが、命中弾が多く、旗艦ユーリアラス号では艦長まで戦死している。

イギリス側も激しく応戦した。薩摩藩の大砲とは比較にならないほどの射程距離を持つアームストロング砲を駆使することで、大半の砲台を破壊した。城下の一部も焼失させたが、四日には鹿児島湾を去ってしまう。弾薬や燃料が欠乏し、戦闘の継続が難しくなったのである。

その後、戦闘が再開されることはなかった。薩摩藩側は戦死者五名、負傷者十数名。イギリス側は戦死者十三名、負傷者五十名だった。

薩摩藩は来襲したイギリス艦隊を退けた格好だが、彼我の軍事力の差は認めざるを得なかった。砲台は壊滅状態であり、再戦となれば撃退することは難しかった。

ここに至り、薩摩藩は横浜でイギリスとの和平交渉に入る。九月二十八日から三回にわたって交渉を重ねた結果、犯人の捜索と処刑、賠償金二万五千ポンドの支払いに合意する。

犯人については、結局行方不明ということで処理される。イギリスもそれ以上追及することはなかった。賠償金は幕府が立て替える形で、十一月一日にイギリス側に支払われた。だが、薩摩藩が立て替え分を幕府に返却することはなかった。

薩英戦争は、攘夷の無謀さを薩摩藩に痛感させる。欧米列強の軍事力にはとても太刀打ちできないとして軍事力の強化に取り組むが、そのためには戦火を交えたイギリスとの提携も辞さなかった。

（4）英仏両軍の横浜駐屯

◎英仏両国に委譲された横浜防衛権

幕府が賠償金支払いに応じたことでイギリスとの戦争は回避されたが、外国人殺傷事件がこれで鎮静化したわけではない。軍事力をもって要求を受諾させた以上、欧米諸国

幕府と英仏代表との秘密会談（「ル・モンド・イリュストレ」1863 年 9 月 26 日号）　横浜開港資料館所蔵

への怒りがさらに高まって攘夷運動が激化することが予想された。

兼ねてより、イギリスとフランスは居留地襲撃の風評を憂慮し、自国の軍隊による居留地防衛と居留民の保護を幕府に要求していた。生麦事件が起きた文久二年（一八六二）八月にはイギリス公使館付の護衛兵約五十名が着任し、横浜駐屯の既成事実化は進んでいた。

同三年五月九日に賠償金はイギリスに支払われたが、それから八日後の十七日、幕府はイギリス・フランス両軍の横浜駐屯を容認する。幕閣の一員である若年寄酒井忠《ただ》毗《ます》がイギリス代理公使ニール、フランス公使ベルクール、イギリス提督クーパー、フランス提督ジョレスと会談し、横浜防衛権を英仏両国に移譲する旨の書簡を両海軍提督へ送ることで合意したからである。ここに、英仏両軍の横浜駐屯が決まる。

幕府としても外国軍隊の駐屯など認めるわけにはいかなかったが、十二隻もの軍艦が横浜に入港していた事実は大きかった。イギリスはその機会を利用して幕府に駐屯を認めさせた。フランスはこれに乗じた格好だった。

横浜に軍隊を駐屯させたのは、フランスが先である。同月、アフリカ軽歩兵第三大隊と海軍の銃隊が上海から横浜に到着した。フランス軍の駐屯兵数は最大で約三百人であった。

イギリス軍の駐屯がはじまったのは十二月に入ってからで、第二十連隊第二大隊が香港から到着している。その後、上海や南アフリカからも増援兵や交代兵が到着した。本国からは海兵隊が派遣されている。イギリス軍の駐屯兵数は多い時で千五百～千八百人、少ない時でも約七百人ほどである。

イギリス軍もフランス軍も山手居留地に駐屯することになる。

英仏両軍の駐屯は居留民の保護が表向きの目的だが、居留民は数百人ぐらいであり、実は両軍の兵数の方が上回った。攘夷運動が鎮静化しない日本に軍事的圧力を加えたい狙いが秘められていた。

元治元年（一八六四）八月の下関戦争は、攘夷運動をリードしてきた長州藩に攘夷の実行を断念させる戦争となるが、下関に来襲した四カ国連合艦隊は横浜に集結して準備を整えている。次章で述べるとおり、この戦争には英仏の横浜駐屯軍も参戦していた。

英仏両軍の横浜駐屯は明治八年（一八七五）まで続いた（石塚裕道『明治維新と横浜居留地』吉川弘文館、『開港150周年記念　横浜　歴史と文化』）。

◎イギリス軍の調練指導を受ける幕府陸軍

イギリスの軍事力に屈する形で賠償金支払いに応じ、英仏両軍の横浜駐屯まで容認した幕府だが、軍事力の強化を怠っていたわけではない。既に陸海軍の軍制改革に着手していた。文久二年（一八六二）六月、オランダの兵制をモデルとして陸軍の改革大綱が成り、将軍の直属軍として歩兵・砲兵・騎兵の三兵の編制を目指す方針が打ち出される。

歩兵には銃剣を武器とする重歩兵と、銃を持つ帯刀の軽歩兵の二種類があった。旗本から領地の農民を重歩兵として差し出させ、無役の御家人などを軽歩兵に充てる目算だった。加えて、砲兵には御家人、騎兵には旗本や御家人を充てることが想定された。

同じ幕臣でも将軍への拝謁資格を持つのが旗本で、持たないのが御家人だが、陸軍の総兵力は一万人弱と見積もられた。

閏八月には海軍の改革大綱も成る。軍艦など艦船三七〇隻、士官・水夫など乗組員六万一二〇〇余人、運送船と乗組員はこれとは別に揃えるという壮大な艦隊案が策定された。全国六カ所に配備する計画だったが、財政難もあり、これは画餅に帰す。

その後、将軍の直属軍として編制した三兵（歩兵・砲兵・騎兵）の士官をオランダに留学させる計画が検討されたが、英仏両軍の横浜駐屯を受けて、ある妙案が浮上する。わざわざオランダまで派遣せずとも、横浜のイギリス軍から調練の指導を受ければよいではないかというわけである。

こうして、イギリスの陸軍士官が神奈川奉行所付の兵士（歩兵）に調練を施す運びとなる。元治元年（一八六四）九月には、横浜で日英合同の閲兵式も挙行された。

しかし、幕府がフランス式兵制の採用を決めると、イギリス軍への依頼は打ち切られる。一八六六年十一月には、フランスとの間で軍事顧問団の派遣契約が結ばれた。翌慶応三年（一八六七）早々から、野毛山に開設されていた陸軍伝習所でフランス軍事顧問団による指導がはじまる。

引き続き横浜で調練が行われたが、五月に伝習所は江戸に移転される方針が示される。横浜の陸軍伝習所はその短い歴史を終えるのであった。

4. 戊辰戦争と横浜~神奈川県と東京府の設置

東叡山文珠楼焼討之図（月岡芳年画）　東京都立図書館所蔵

（1）横浜鎖港の撤回と四カ国連合艦隊の下関来襲

◎横浜鎖港を欧米諸国に申し入れた幕府

安政六年（一八五九）六月に開港となった横浜だが、幕府は生麦事件の賠償金を支払った際に、横浜鎖港の方針をイギリスに示していた。

幕府は勅許を得ずに通商条約を締結したことで、朝廷から厳しく責め立てられるが、その後、七、八年ないし十年以内に条約を破棄して攘夷を実行すると約束していた。破約攘夷である。攘夷を強く望む孝明天皇の妹和宮を十四代将軍徳川家茂の御台所《みだいどころ》に迎えるため、その場凌ぎの約束をしたのである。

幕府は公武合体策により難局を凌ごうとしており、和宮の降嫁はそのシンボルと位置付けられた。それだけ、幕府の権威は低下し、対照的に朝廷の権威は上昇していた。

朝廷の権威と結び付くことで権力基盤の強化をはかりたい思惑があったが、そんな実現不可能な約束を幕府は逆手に取られる。朝廷からその実行を督促され、防戦一方となった。かたや長州藩は破約攘夷を唱える三条実美《さねとみ》たち公家の後ろ盾に収まることで、幕府

行列高縄ノ賑ひ（落合芳幾画）　東京都立図書館所蔵

から政局の主導権を奪った。

文久三年（一八六三）三月四日、家茂は将軍として約二百三十年ぶりの上洛を果たしたが、朝廷は破約攘夷を速やかに実行するよう激しく責め立てる。その期日を約束しなければ、将軍が江戸城に戻るのを認めないと追い詰めた。

四月二十日、幕府は朝廷からの督促に耐え切れず、五月十日を攘夷実行の期日にすると約束する。その一方、前日にあたる五月九日に、老中格小笠原長行が横浜に赴いて生麦事件に関する十万ポンドの賠償金を支払ったことは前章で述べた。攘夷実行を約束した以上、支払いはその期日前でなければならなかったのである。

幕府は朝廷の督促に耐えかねて期日を報告したものの、攘夷を実行する意思などなかった。しかし、何もしないわけにはいかず、通商条約の破棄を意味する横浜・

箱館・長崎の鎖港交渉に入ろうとする。

自由貿易は取り止め、和親条約締結時まで時計の針を戻そうとしたのであり、これをもって攘夷実行と称したのだ。欧米諸国との戦争危機を回避するための苦肉の策に他ならない。

そして、賠償金を支払った当日に、イギリスに横浜など三港の鎖港交渉を申し入れたが、交渉が難航するのは必至であった。というよりも、相手にされなかった。他国に申し入れても同じ結果となったのは言うまでもない。その後、鎖港交渉は横浜港に絞られるが、前途は多難だった。

一方、幕府が朝廷に期日として約束した五月十日に、本当に攘夷を実行した藩があった。長州藩である。

この日、長州藩は下関海峡を航行するアメリカ船に砲撃を加えた。その後、フランス船やオランダ船にも砲撃したが、六月一日にアメリカ軍艦、五日にはフランス軍艦の報復攻撃を受けて同藩の軍艦は撃沈された。砲台も破壊される。欧米列強の前には、既存の軍事力など全く無力である現実を、長州藩は思い知らされた。

◎横浜鎖港談判使節の派遣

長州藩は攘夷運動の先頭に立つことで政局の主導権を握るが、アメリカ船などに砲撃を加えて手痛い反撃を受けたことに諸藩は強い危機感を抱く。このままでは、日本全体が欧米列強との戦争に巻き込まれてしまうと危惧した。

その結果、諸藩の間で政局の主導権を長州藩から奪い返そうとする動きが急速に沸き上がる。そうした空気を読み、長州藩が朝廷を牛耳ったことを苦々しく思っていた薩摩藩は京都守護職を勤める有力親藩の会津藩などと手を組み、その追い落としを画策した。天皇にしても、公家の三条たち及び後ろ盾の長州藩に引きずり回される朝廷の現状に不快感を抱いていた。

八月十八日午前一時、天皇の信任が厚かった中川宮や反長州藩の公家、会津藩主松平容保《かたもり》たちが集まる朝廷の会議が御所で開かれ、三条たちの御所参内《さんだい》の差し止めと長州藩の京都退去を決める。いわゆる文久三年八月十八日の政変が決行された。

長州藩は激しく反発したものの、それまでの突出した行動ゆえに諸藩の間で孤立を深めていた。よって、政治的敗北は認めざるを得ず、翌十九日には三条たち七人の公卿を擁して帰国の途に就いた。再起を期す。

池田長発　出典：国立国会図書館「近代日本人の肖像」(https://www.ndl.go.jp/portrait/)

こうして、長州藩は京都を追放されるが、幕府が朝廷に約束した破約攘夷の方針自体はそのままだった。その信任を得るためにも、幕府は横浜鎖港を実現しなければならなかった。そこで、使節団を派遣して本国との直接交渉に入る。

この年も押し詰まった十二月二十九日、外国奉行池田長発《ながおき》を正使とする横浜鎖港談判の使節団が横浜からヨーロッパに向けて出発した。使節団が最初に訪れたのは、下関で長州藩に砲撃され、井土ヶ谷村では海軍士官が殺害されたフランスである。

だが、フランスとの談判は難航する。逆に、両事件に関する賠償金の支払いを求められる始末だった。

パリでの談判は失敗に終わるが、渡仏した池田はそれまでの認識を改める。池田は激しい攘夷論の持ち主だったが、西欧文明の進展ぶりを現地で実見したことで、横浜鎖港そして破約攘夷の愚かさを悟る。攘夷論から開国論に百八十度転じた。

池田は鎖港談判を中止し、通商条約を忠実に履行すべきと幕閣に対して進言しようと決意する。よって急ぎ帰国したが、その際、パリ約定をフランスとの間に結ぶ。元治元年（一八六四）五月十七日のことであった。

フランス側の求めに応じて、賠償金の支払い、輸入品の関税率引き下げなどを約し、帰国の途に就く。七月十八日、使節団一行は横浜に到着したが、これに驚いた幕府は池田たちを処罰し、パリ約定の破棄を欧米諸国に宣言している。

◎四カ国連合艦隊の横浜出撃と禁門の変

文久三年（一八六三）五月十日の長州藩による砲撃以来、外国商船は下関海峡を航行できない状態に置かれた。対日貿易への悪影響を懸念する欧米諸国は苛立ちを募らせる。それに加えて欧米側を憤激させたのが、幕府の横浜鎖港の方針だった。使節団までフランスに派遣したが、自由貿易の取り止めを意味する横浜鎖港など、欧米側が受け入れるはずもなかった。

よって、イギリス、フランス、アメリカ、オランダの四カ国は欧米の軍事力を誇示することで攘夷の無謀さを長州藩に分からせるとともに、幕府には横浜鎖港の方針を撤回させようと目論む。ここに、イギリス公使のオールコックが主導する形で、下関海峡を封鎖する長州藩への武力行使が実行される運びとなった。

四カ国は軍艦と将兵を横浜に集結させる。横浜は四カ国連合艦隊の出撃と後方支援の基地となった。

イギリスのキューバー中将率いる軍艦十七隻、兵員約五千人の下関遠征軍が編成されると、元治元年（一八六四）七月二十七日に四カ国連合艦隊は横浜を出撃する。一路、下関へと向かったが、その頃長州藩は京都での戦争に敗れていた。

話は少しさかのぼる。

文久三年八月十八日の政変で京都から追放された長州藩は失地回復を目指し、藩士を多数京都に潜入させていた。公家や諸藩の京都藩邸に出入りさせ、復権工作を活発に展開する。長州藩を支持する他藩の藩士もこれに加わった。

京都の治安維持にあたった新撰組はこうした情勢を危惧し、復権工作を展開する長州藩士たちの捕縛に踏み切る。元治元年六月五日夜に起きた池田屋事件である。捕縛後に斬首された者も含めると、長州藩士も含め、池田屋事件で落命した志士の数は三十人近くにも及んだ。

蛤御門　環境省京都御苑管理事務所提供

長州藩は池田屋事件が起きる直前の六月四日に京都出兵を決定していたが、事件の報が入ると藩内は憤激する。すぐさま藩兵を京都に向かわせた。
七月十九日、長州藩兵は京都市中に乱入し、天皇のいる御所へ迫った。そして、御所の警備にあたる会津・薩摩藩など諸藩の兵と激戦になる。
長州藩兵の勢いは猛々しく、諸藩が警備する御所の門は次々と突破されるが、西郷隆盛率いる薩摩藩兵の奮戦により形勢は逆転。長州藩は敗走する。蛤御門の変の名称で知られる禁門の変は、幕府方の勝利に終った。
七月二十三日、御所に向けて発砲した廉《かど》により、長州藩追討の勅命が下る。長州藩は朝敵に転落し、薩摩藩など諸藩から構成される征長軍が組織された。第一次長州征伐のはじまりである。

そうした折に、長州藩は四カ国連合艦隊を迎え撃つことになったのである。

◎下関戦争と条約勅許

禁門の変から約半月後の八月五日より、英仏米蘭四カ国連合艦隊による下関攻撃は開始された。

艦隊による砲撃で下関の砲台は破壊された。その後、陸戦隊が上陸して長州藩の砲を使用不能とし、艦船に引き揚げている。六日にも再び陸戦隊が上陸して長州藩兵と激突し、砲台を占領した。七日、八日も上陸を繰り返し、砲を戦利品として持ち去った。

圧倒的な軍事力の前に、長州藩はなす術もなかった。講和を求め、藩士高杉晋作を代表として派遣した。

八日から、交渉は開始された。十四日に下関協約が締結され、講和が成立する。下関海峡の通航自由、外国船への石炭・食料・薪水の供給、砲台の新設・修理の禁止、賠償金三百万ドルの支払いなどの要求を長州藩は受諾した。戦いは四カ国の一方的な勝利に

前田砲台を占拠したイギリス軍　横浜開港資料館所蔵

終わった。

ただし、賠償金の支払いについては、幕府が朝廷に約束した攘夷実行の期日を守っただけだとして、外国船への砲撃は幕府に責任があるとの姿勢を堅持する。支払いを拒否し、その責任を幕府に転嫁した。

結局、四カ国は長州藩に賠償金を支払わせることを諦め、幕府に支払いを求める。九月六日、横浜に戻っていた連合艦隊が品川沖に姿を現し、プレッシャーをかけた。

幕府は四カ国の軍事力に屈し、三百万ドル支払いの要求を呑む。同二十二日、六回の分納で支払うと約束した。

賠償金の支払いは免れたものの、連合艦隊との戦いでも敗北した長州藩は満身創痍の状態にあった。四方から藩境に迫る征長軍を迎え撃つ余力など残っていなかった。よって、幕府に恭順の意思を示すことを決める。禁門の変の責任者として三家老と四参謀の首級を征長軍に差し出した。萩城から政庁が移されていた山口城の破却、藩主父子の自筆謝罪状の提出などにも応じた。

これを受けて、十二月二十七日に征長軍総督を勤める尾張前々藩主徳川慶勝《よしかつ》は諸藩に撤兵を命じた。第一次長州征伐は終結を迎える。

長州藩は四カ国連合艦隊との戦いを通じて欧米との軍事力の差を思い知らされ、攘夷の無謀さを悟った。幕府にしても横浜鎖港の方針をもはや維持できなくなる。

横浜鎖港とは通商条約の存在を否定するものだが、そもそも条約が勅許されていなかったことが問題であった。条約が勅許となれば自由貿易は朝廷も認めるところとなり、長州藩のように朝廷の意向をバックとした攘夷運動など成り立たない。四カ国は実力行使に再び出ることで、勅許の獲得を目指す。

慶応元年（一八六五）九月十六日、四カ国の公使は九隻の軍艦を従えて兵庫沖に姿を現し、朝廷との直接交渉に出る構えを見せた。上陸して京都に向かうというわけだ。要求が認められなければ開戦も辞さない強硬姿勢を示したため、幕府側では十五代将軍となる一橋慶喜が中心となり、朝廷の会議で勅許を強く求めた。

連合艦隊が兵庫沖に碇を下ろし、朝廷にプレッシャーを掛けたことは大きかった。十月五日に通商条約は勅許され、破約攘夷の方針は撤回された。

こうして、横浜も貿易港として朝廷から正式に認められる。開港以来、六年以上の歳月が過ぎていた。

（2）西洋文化の発信地となる

◎横浜英学所の開設

横浜は自由貿易の舞台として、日本の経済に大きな影響を与える存在となったが、欧米人が居留地に住んだことで西洋の生活文化の発信地としての顔も持った。その点では長崎も箱館も同じだが、横浜は国内最大の情報都市でもあった江戸に近かったため、国内に与える影響が格段に違った。江戸を中継する形で、日本の文化をリードしたのである。

そのため、横浜は文明開化の窓口としてのイメージが非常に強い。横浜が発祥の地とされた西洋の文化や事物は多いが、その受容に際してネックとなったのが言葉だった。言葉が通じなければ、外交交渉はもとより貿易も成り立たない。

西洋の言葉を読み書きできる能力が求められたのだが、そこで誕生したのが横浜英学所である。開港したばかりの横浜を訪ねた福沢諭吉が一念発起して学びはじめたように、国際社会で英語は必須の語学だった。

日本の場合、オランダ語を読み書きできる者はいたが、オランダ以外の西洋諸国との交流が長らく途絶えていたため、特に英語の読み書きや会話ができる通訳を養成することが急務となっていた。福沢が中津藩士でありながら幕府外国方に翻訳方として雇用され、通訳として幕府使節団に随行できたのも、英語を使いこなせる人材が不足していたからである。

文久二年（一八六二）、幕府は運上所前に英学所を開設し、英語教育を開始する。宣教師であるアメリカ人のヘボンやブラウン、長崎唐通事の太田源三郎たちが教師を勤めた。

需要の高さを背景に、慶応元年(一八六五)には学生の数も五クラスで四十人を数えた。英語教育にとどまらず、英語による地理や数学の教育も行われた。貿易を管理する運上所の業務では、地理や数学の知識は不可欠だったのだ(権田益美「横浜開港場における英語教育」『郷土神奈川55』)。

英語を学ぶ者は多かったが、となれば英和辞典や和英辞典が必要である。英語教師にしても日本語を修得しなければならない以上、英和・和英辞典は必携だった。ヘボンやブラウンは辞典の編纂にも関わり、ブラウンが刊行した日本語学習書などは英学所で英語を学ぶ際のテキストとして使われた。

英語を使いこなせる者が増えれば、それだけ横浜での貿易は発展していく。西洋の生活文化が受容されるスピードも加速するのである。

◎宣教師の来日と教会の建設

当時の日本はキリスト教の信仰が厳禁されていたが、開港場だけは例外だった。安政

ヘボン夫妻の金婚式の写真　横浜開港資料館所蔵

五年（一八五八）の通商条約で居留地の外国人に信教の自由が認められ、信仰の拠点たる礼拝堂の建設も可能であった。

よって、翌六年六月の開港後は宣教師も来日する。横浜の場合、当初神奈川宿に領事館が置かれたため、宣教師たちも神奈川に住んだが、後に横浜の居留地へ移り住む。ヘボンは最初神奈川の成仏寺に住み、後に同じ神奈川の宗興寺で施療にあたった。

宣教師は外国人には布教できたが、日本人への布教は禁じられていた。それ以外の行為ならば可能であったことから、医師でもあったヘボンは医療活動を広く行っている。

要するに、日本人との距離を近づけようとしたのだ。将来布教が解禁された時に備えての活動だったのだろう。

礼拝堂つまり教会については、文久元年十二月（一八六二年一月）にパリ外国宣教会が横浜天主堂を建設したのが最初である。横浜天主堂はカトリックの教会だが、同三年には英国聖公会によりプロテスタントの教会も建設された。

長崎では、文久二年にアメリカ監督教会が東山手の居留地にプロテスタントの教会を建設したのが最初だった。元治元年（一八六四）には、パリ外国宣教会が南山手の居留地に大浦天主堂を建設した。

幕府は横浜英学所の開設により英語を使いこなせる人材の育成をはかったが、同所で教師を勤めたヘボンは、文久三年に居留地内の自宅でクララ夫人とともに塾を開く。世に言うヘボン塾である。

明治の政治・経済・外交面などで活躍する逸材をヘボン塾は輩出した。何度も大蔵大臣を勤めた高橋是清、三井物産の創始者となる益田孝、駐英公使時代に日英同盟の立役者となった林董《ただす》たちが代表格である。明治十三年（一八八〇）、ヘボン塾は横浜から東京の築地居留地に移転し、後に明治学院へと発展することになる。

（3）江戸城総攻撃と横浜

◎薩長両藩の提携と長州征伐の失敗

元治元年（一八六四）八月、英仏米蘭四カ国は下関戦争を通じて欧米との軍事力の差を長州藩に見せつけ、攘夷の無謀さを悟らせた。慶応元年（一八六五）九月には連合艦隊を兵庫沖に回し、通商条約の勅許を得るよう幕府に圧力を掛け、ついに目的を達した。

これにより、自由貿易は朝廷公認のものとなり、国際貿易港としての横浜の存在も公認された。幕府は横浜鎖港の方針を引っ込めることもできた。

もはや、攘夷運動が朝廷の意向をバックとすることはできなくなり、国内を争乱の渦に巻き込んだ攘夷運動は鎮静化に向かう。幕府は危機を脱したかに見えたが、条約が勅許された頃、国内の別の問題への対応に苦慮していた。

元治元年十二月二十七日、征長軍総督の徳川慶勝が諸藩に撤兵を命じたことで第一次長州征伐は終結を迎えるが、これで長州藩が幕府に屈したわけではない。文久三年八月十八日の政変で京都を追われた時と同じく、捲土重来を期していた。対幕府強硬派の藩士高杉晋作が内戦の末、藩政の主導権を奪取したからである。
よって、幕府内では長州藩を完全に屈伏させるため再度の征長が叫ばれる。慶応元年四月十九日には長州再征（第二次長州征伐）と将軍進発が布告され、幕府や諸藩から構成される征長軍が再び組織される運びとなった。五月十六日に将軍家茂は江戸城を進発し、閏五月二十五日に大坂城へ入った。

幕府が長州再征を決めたことに、薩摩藩は警戒心を強める。長州藩を再び屈伏させた後、今度は幕府の矛先が自身に向かうことを強く意識していたのだ。そんな危機感から敵の敵は味方ではないが、長州藩との提携の道を探りはじめる。薩摩藩は幕府とははっきり距離を置き、一転、長州藩の軍備強化をバックアップする方針に舵を切る。

六月には、土佐藩を脱藩していた坂本龍馬と中岡慎太郎の仲介により、長州藩は薩摩藩を通じて武器が購入できることになった。諸藩が外国商人から武器や軍艦を購入する場

坂本龍馬　出典:国立国会図書館「近代日本人の肖像」(https://www.ndl.go.jp/portrait/)

合、武器は幕府への事前の届け出、軍艦は開港地を支配する神奈川・箱館・長崎奉行経由で注文することが義務付けられていた。

つまり、幕府の敵である長州藩は自藩の名義で武器や軍艦を購入できなかった。他藩の名義で買った武器を転売してもらうしかなかったため、龍馬たちを介してその旨を依頼し、薩摩藩の承諾を得たのである。

翌七月、長州藩は薩摩藩の名義を借りて、長崎のグラバー商会から新式の鉄砲を大量に手に入れる。これで、征長軍を迎え撃つための準備に弾みが付いた。

そうしたなか、十月五日に通商条約は勅許されたが、その前に幕府は薩摩藩の抵抗を退けて、長州再征の勅許を勝ち取っている。兵庫沖に連合艦隊が錨を下ろしていた最中の九月二十一日のことだった。征長軍は前回と同じく、勅命に基づいて編制される形となる。

以後、幕府は勅命であるとして諸藩に征長軍への参加を義務付けるが、薩摩藩などは戦列に加わることを拒否する。慶応二年正月二十二日には龍馬が仲介役となる恰好で、薩摩藩と長州藩が盟約を結ぶ。いわゆる薩長同盟である。

六月七日より征長軍は長州藩領に攻め込むが、緒戦から各所で敗北を喫し、幕府の敗勢は必至の状況となる。薩摩藩の軍事援助などが効いた格好だった。敗色濃厚のなか、兼ねてから脚気《かっけ》に苦しんでいた家茂は重篤の状態に陥り、七月二十日に大坂城で死去した。

征長軍と長州藩双方に休戦を命じる沙汰書（八月二十一日付）を朝廷に出させることで、幕府は敗戦の事実をうやむやにしようとはかるが、長州再征が失敗に終わったことに変わりはなかった。幕府の権威は地に落ちたのである。

◎兵庫開港の勅許と神戸開港への変更

慶応二年十二月五日（一八六七年一月十日）、長州再征の後始末に奔走していた慶喜が十五代将軍の座に就くが、折しも幕府が欧米諸国に延期を認めさせた兵庫・新潟の開港と江戸・大坂の開市の期日が迫っていた。国内での攘夷運動の高揚が延期の理由だったが、慶応元年（一八六五）十月に通商条約が勅許されたことで、予定通り開港・開市できる見通しとなる。

ただ、慶応元年の勅許でも兵庫の開港だけは認められなかった。幕府が開港を約束した五港のなかでは京都に近かったことが理由だろうが、延期の期限は近付いていた。慶

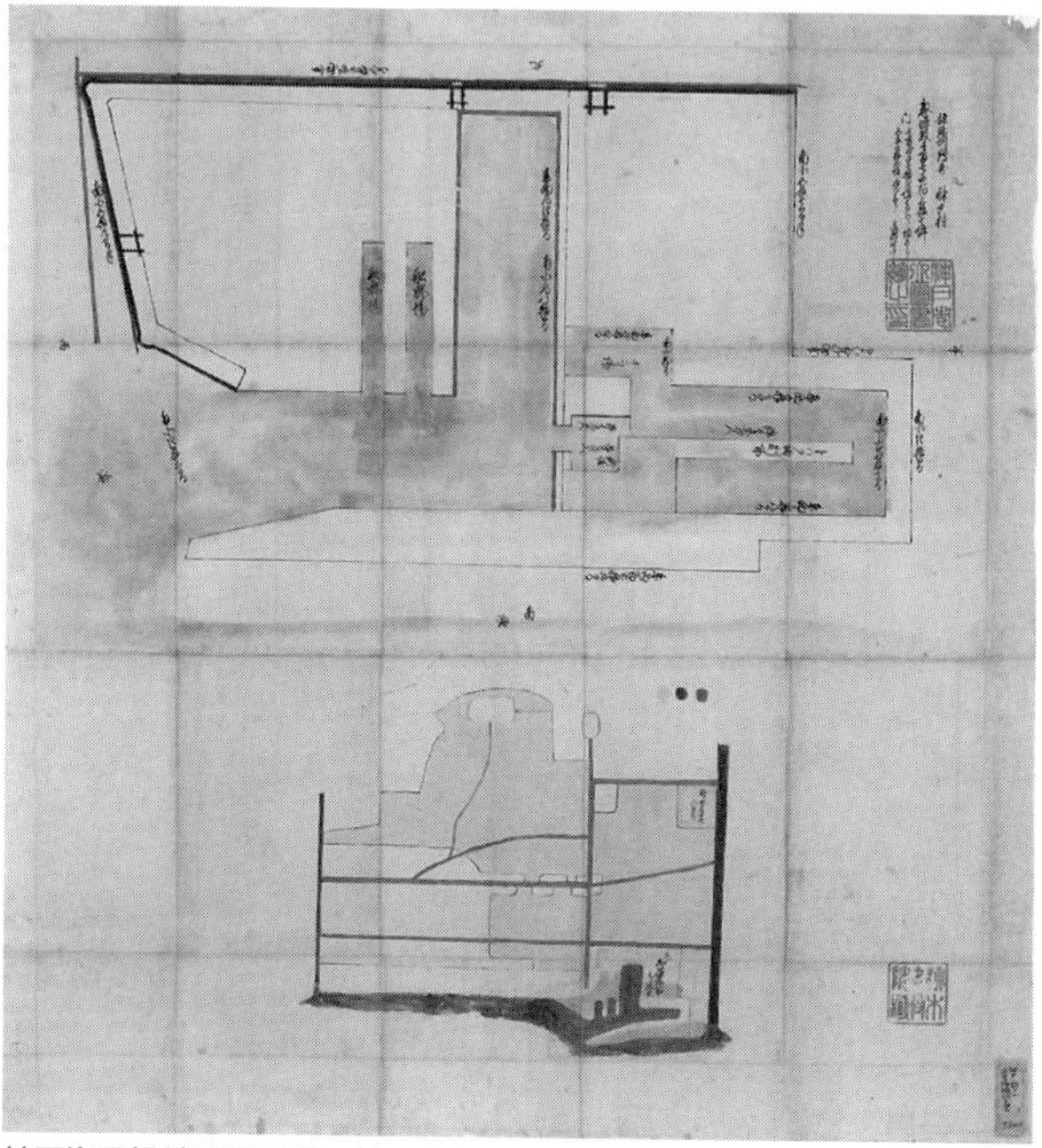

神戸海軍操練所平面図　神戸市立中央図書館所蔵

喜としては、朝廷から兵庫開港の勅許を速やかに得る必要があった。

慶応三年三月、慶喜は兵庫開港を奏上して勅許を求めた。朝廷内では反対論が依然として強かったものの、五月二十四日に勅許が下りる。

翌六月、幕府は十二月七日の兵庫・新潟開港と江戸・大坂開市を公布した。ようやく条約で約束した開港と開市がすべて実現する運びとなるが、予定通り開港と開市できたのは兵庫開港と大坂開市だけだった。後述する大政奉還のため、江戸開市と新潟開港は翌年三月まで延期となり、その後の戊辰戦争の勃発によって同年十一月まで再延期される。

勅許獲得に難航した兵庫開港だが、実際に開港されたのは東隣の神戸村だった。開港場には居留地を設ける必要があったが、兵庫ではその場所を充分に確保できなったことで、神戸村に居留地が造成される運びとなったのだ。畑が多かったため造成しやすかった事情もあるが、神奈川湊から横浜村に開港場を変更した時と同じく、兵庫では外国人が襲撃されるリスクの高さも念頭にあっただろう。山陽道沿いにあった交通の便の良さが兵庫にとっては仇となった形である。

居留地が置かれるとなれば自動的に開港場となるわけだが、その背景として神戸海軍操練所の存在は外せない。

元治元年（一八六四）に、幕府は軍艦奉行勝海舟の願いを容れる形で、海軍士官を養成する操練所を神戸村に設置した。海舟の失脚などを背景に翌年に閉鎖されるが、関係施設や船入場はまだ残されていた。開港場に指定される上で、操練所の遺産が神戸村にプラスに働いたことは容易に想像できる。

こうして、兵庫開港は神戸開港に変更された。明治に入ると、神戸港は横浜港と並ぶ日本有数の貿易港として発展を遂げる。

なお、大坂開市に伴い、安治川《あじがわ》と木津川の分岐点に位置する河口に川口居留地が置かれたが、明治に入ると外国商人は神戸居留地に移ってしまう。大阪には外国船は入港できないはずだったが、結局は大阪も開港されて外国船が入港できるようになる。

◎新政府の樹立と戊辰戦争のはじまり

兵庫開港の勅許も得たことで、通商条約は朝廷から承認された。長州再征の失敗により幕府の権威は地に落ちたが、その後将軍となった慶喜は外交で成果を上げることで巻き返しをはかっていた。

合わせて、軍事力強化にも努める。軍事顧問団の派遣契約をフランスと取り結び、横浜港近くの野毛山の陸軍伝習所で顧問団による指導がはじまったことは前章で述べた。フランス式兵制を採用した幕府の陸軍は着実に力を付けていた。

慶喜による一連の幕権強化の動きに警戒感を強めたのが、長州再征をめぐり幕府と激しく対立した薩摩藩であった。長州藩との提携強化により、慶喜を抑え込もうと目論む。

　その先には、慶喜から将軍職を剥奪して諸侯の列に格下げし、朝廷のもとで開かれる諸侯会議で国家の大事を決めることを見据えた。これは新政府の樹立つまり幕府政治の否定を意味したが、その実現のためには武力発動も辞さないという強硬姿勢を取る。討幕路線を選択肢に入れたのである。

　薩摩藩でこの路線を主導したのが対幕府強硬派の藩士である西郷隆盛や大久保利通だが、土佐藩の大政奉還路線にも相乗りする。慶喜に将軍職辞職を迫って政権を返上させ、朝廷のもとに新政府を樹立する路線であり、討幕路線とは武力行使を伴うか否かの違いだった。

教導立志基　四十四　徳川慶喜公（小林清親画）
東京都立図書館所蔵

　慶喜と薩摩藩は他藩も巻き込みながら激しい権力闘争を展開したが、慶喜は薩摩藩の討幕路線をかわす形で、慶応三年（一八六七）十月十四日に大政を朝廷に奉還する。将軍職を辞し、みずから諸侯の列に下りた。

大政奉還後は、朝廷のもとに新政府が樹立されることが既定路線となる。王政復古だ。政局の焦点は、どの勢力が新政府でイニシアチブを取るかに移ったが、薩摩藩は慶喜に代って新政府の中心に座るため、軍事力を京都に集中させる。

十二月九日、薩摩藩は徳川一門の尾張・福井藩まで抱き込み、慶喜を排除した新政府を不意打ちの形で樹立した。御所の門を薩摩藩など自派で固めた後に会議を開き、朝廷の決定事項としたのである。そのため、慶喜支持の徳川方と一触即発となる。

翌四年正月三日、薩摩・長州藩と徳川方が京都南郊の鳥羽・伏見で開戦となるが、天皇を奉じる薩長両藩に徳川方は敗れる。これにより、勝てば官軍、負ければ賊軍の喩え通り、慶喜は賊軍すなわち朝敵に転落した。驚愕した慶喜は大坂城を脱出し、七日には海路江戸に向けて敗走した。

同じ七日、新政府は朝敵に転落した慶喜の追討令を発した。以後、慶喜追討軍たる東征軍が編成されて江戸に向かうが、開港されたばかりの神戸の近くでは欧米列強との戦争に発展し兼ねない事件が起きていた。いわゆる神戸事件である。

正月十一日、新政府の命を受けて摂津西宮の警備に向かうため、三宮神社付近を通過中の岡山藩兵が隊列を横切ったフランス水兵と銃撃戦となる。いわば、生麦事件の再現だが、神戸居留地や神戸港にいた英仏米軍が応戦する事態へと発展してしまう。欧米側は神戸居留地を制圧し、港内に停泊中の日本の艦船を抑留した。

これに驚いた新政府は外国事務取調掛の東久世通禧《ひがしくぜみちとみ》を派遣し、神戸港にいた各国公使と交渉させた。新政府は幕府が欧米と結んだ条約の遵守、外国人の安全確保などを誓約する。これは、攘夷を唱えてきた朝廷がその撤回を公式に表明したことを意味した。

そして、欧米側の要求に屈し、フランス水兵への発砲を命じた岡山藩士滝善三郎の処刑を呑む。二月九日、滝は各国代表の前で切腹して果てた。

◎江戸城総攻撃に反対したイギリス公使パークス

鳥羽・伏見の戦いを機に戊辰戦争の火蓋が切って落とされたが、戦いは薩摩・長州藩を主軸とする新政府側のペースで進む。

正月十二日に江戸城へ逃げ戻った慶喜は諸般の情勢を分析した結果、新政府（朝廷）に反省の意を示すことで寛大な処置を願う恭順路線を選択する。二月十二日、慶喜は江戸城を出て徳川家の菩提寺寛永寺に入り、子院大慈院の一室に謹慎した。薩摩・長州藩ともパイプを持つ海舟を起用し、新政府との交渉に当たらせた。

一方、二月十五日には東征軍が京都を進発している。主に西国諸藩から構成された東征軍は有栖川宮《ありすがわのみや》を大総督とし、東海道・東山道・北陸道の三道から江戸に迫った。東征軍を指揮したのは参謀職に任ぜられた薩摩藩の西郷である。

三月五日、東海道を進んできた東征大総督の有栖川宮が駿府に到着した。翌六日には江戸城総攻撃の予定日が同月十五日と決まる。

十三日、東海道軍とともに進軍してきた西郷は薩摩藩の高輪屋敷に到着し、江戸に入った。東山道軍も江戸を間近に望む中山道板橋宿に入った。東征軍のうち、東海道軍と東山道軍が総攻撃に当たることになっていた。

この日、徳川家代表の海舟が高輪屋敷を訪れた。慶喜の助命や総攻撃の中止を求め、西郷との会談に臨む。翌日の再会談を約束して海舟は帰ったが、東征軍はすべての軍艦と兵器の引き渡し、つまり完全な武装解除を要求しており、徳川家陸海軍の抵抗は必至だった。とても東征軍の要求は丸呑みできず、総攻撃は避けられそうにもなかった。

総攻撃前日の三月十四日、東海道軍参謀の長州藩士木梨精一郎は同役の肥前大村藩士渡辺清とともに横浜居留地に出向き、イギリス公使パークスに面会する。依然としてイギリス公使館は横浜に置かれていたが、開戦となれば東征軍にも多くの負傷者が出ることが見込まれるため、病院を設置する必要があった。西洋の外科医学に期待し、その協力を求めようとしたのである。

ところが、木梨の申し入れを聞くや、パークスは激怒しながら異を唱えた。恭順の姿勢を示した者に戦争を仕掛けるのは認められないと指摘し、病院設置への協力を拒絶する。

東征軍の問題点も突いてきた。国内で戦争となれば、外国人居留地を管轄する各国領事に政府から通達があるはずだが、今日までその通達はない。居留地防衛のための兵を出す義務もあるが、それもない。

以上、新政府の落ち度であると言い残し、パークスは部屋を出て行ってしまった。

病院設置にイギリスの協力が得られないばかりか、江戸城総攻撃自体に強く反対する意思を伝えられた木梨と渡辺は愕然とする。二人からパークスの剣幕を聞かされた西郷も驚いたが、それは却って幸いだったと謎のような言葉を発し、渡辺を同道して海舟との再会談に臨んだ（渡辺清「江城攻撃中止始末」『史談会速記録』六十八）。

同日、海舟が西郷のもとを訪れ、完全武装解除の条件を緩和して欲しいという趣旨の嘆願書を差し出すと、西郷は以下のように応じた。現場責任者の自分では判断できないため、駿府にとどまっていた大総督の有栖川宮に伺いを立てると告げる。それまでは攻撃を延期すると伝え、翌十五日の総攻撃は直前で中止された。

西郷が総攻撃中止に踏み切った理由としては、薩摩藩出身で十三代将軍家定の御台所だった天璋院篤姫の嘆願なども指摘されている。だが、欧米外交団のリーダー格であったパークスの反対も大きかったことは見逃せない。

各国公使館が置かれただけでなく、英仏軍が駐屯する横浜の存在が西郷の判断に影響を及ぼしたのだ。そもそも、国内の内乱に乗じて欧米列強が侵略してくるという危機感は敵の海舟とも共有していたはずである。

（4）横浜の接収と神奈川県の誕生

◎江戸城と横浜の接収

海舟との会談を終えると、西郷はすぐさま駿府に向かう。駿府では有栖川宮臨席のもと嘆願書の内容を協議したが、結論は出なかった。西郷は京都まで引き返すことになった。

西郷が江戸に戻ってくるまでの間、海舟は横浜に出向いている。三月二十六日には、新政府の海軍先鋒総督大原俊実と面会した。

三日前の二十三日に、大原は薩摩藩などの軍艦を率いて横浜港に入っていた。横浜を管轄する神奈川奉行所は慶喜の恭順路線に基づき、何ら抵抗することなく入港を受け入れた。翌二十四日、大原は横浜鎮撫を布告した。

二十七日には、同じく横浜でパークスと会っている。江戸城総攻撃に関して東征軍に圧力を掛けたことを知っていたようであり、東征軍との交渉を有利に進めたい海舟の狙いが読み取れる。総攻撃をめぐる駆け引きは、引き続き横浜もその舞台だった。

四月二日、京都にいた西郷が江戸に戻ってきた。四日には東海道軍先鋒総督の橋本実梁《さねやな》が勅使として江戸城に入り、新政府の回答を徳川家に伝えた。その回答は先に提出した嘆願書の内容を事実上却下するものであり、徳川家の陸海軍が持つすべての軍艦と兵器の引き渡しの実行期限を十一日と通告していた。完全武装解除できなければ、江戸城総攻撃が開始されるはずであった。

四月十一日、東征軍は何の抵抗も受けることなく江戸入城を果たした。江戸城は東征大総督府に引き渡され、ここに江戸無血開城となる。大総督の有栖川宮が江戸城に入ったのは二十一日のことであった。

前日の二十日には神奈川奉行所が接収され、神奈川裁判所となる。横浜港も新政府に引き渡された。

だが、徳川家は抵抗することなく江戸城を明け渡したものの、完全武装解除の約束は守れなかった。兵器や軍艦の引き渡しを拒否して脱走する事例が続出したからである。

陸軍では開城当日に歩兵奉行大島圭介が脱走し、下総国府台《こうのだい》に陸軍の将兵二千人が集結した。軍艦についても海軍副総裁の榎本武揚《たけあき》が引き渡しに応じず、同じく当日に八隻が房総沖の館山に脱走した。

寛永寺境内の焼け跡　横浜開港資料館所蔵

こうした違約行為にも拘わらず、西郷率いる東征軍は江戸城総攻撃を行わなかった。パークスの反対論が念頭にあったのかもしれないが、敵対姿勢を崩さない徳川家の不満分子に対しては容赦しなかった。

五月十五日、東征軍は上野寛永寺の境内に籠っていた彰義隊と開戦し、半日ほどの戦いで潰走させる。彰義隊の戦いの名で知られる上野戦争に勝利したことで、新政府は名実ともに江戸の制圧に成功した。

その後、江戸にあった幕府の施設は次々と接収された。同二十三日には南北両町奉行所が接収され、市政南裁判所と市政北裁判所と改称されている。

◎東京の誕生と江戸の消滅

江戸が将軍の御膝元であった以上、江戸をめぐる攻防戦とは首都決戦に他ならなかった。江戸無血開城を機に戊辰戦争は終焉に向かうが、江戸城の主であった徳川家にはお国替えが待っていた。

上野戦争からわずか九日後の慶応四年（一八六八）五月二十四日、慶喜の隠居を受けて徳川宗家を継いでいた徳川亀之助は駿府城主に封ぜられ、駿河・遠江国などで七十万石を与えられた。静岡藩の誕生である。

徳川家の所領は直轄領に加えて家臣の旗本に与えた所領も含めると、俗に八百万石といわれる。これが取り上げられた上で、改めて七十万石が与えられたのだ。それまでの身上の十分の一にも満たない大減封だった。

徳川家のお国替えが公表されると、新政府内では江戸遷都論が浮上する。天皇のもとに強力な国家の樹立を目指す薩長両藩は、それまでの旧習を一新して大変革を実現するには京都からの遷都が不可欠と考えていた。当初は大坂遷都を構想したが、公家たちの猛反発を受けて撤回を余儀なくされる。

しかし、新政府首脳の薩摩藩士大久保利通たちは諦めず、次は江戸遷都を構想した。

江戸城はもとより、広大な大名屋敷や幕臣の屋敷を政府の用地に充てられるメリットがあったが、遷都に拒否反応を示す公家たちを刺激するのを恐れ、まずは江戸行幸の実現を目指す。そのまま江戸にとどまり、遷都を既成事実化してしまおうとはかった。

江戸行幸にも公家たちは猛反発する。天皇がそんな遠くまで行幸した前例などないというわけだが、大久保たちは不退転の決意を固めていた。

江戸行幸に先立ち、七月十七日には江戸が東京と改称される。そして、新たな行政機関として東京府が置かれた。

大久保利通　出典：国立国会図書館「近代日本人の肖像」(https://www.ndl.go.jp/portrait/)

東京への改称とは、遷都のための布石だった。西の京である京都に対し、東の京である東京と改称させ、江戸を都に昇格させるための伏線を張った。徳川家の時代は終わったことを江戸っ子に知らしめたい意図も込められた改称だった。

ところが、東京への行幸つまり東幸は新政府内でなかなか了解が取れなかった。同二十八日に東幸が決まったものの、期日までは決定できなかった。天皇を東京まで長旅させるのは不安、東北や北越の戦乱がまだ収まっていない、東幸には莫大な出費を要するとの反対論が公家たちの間で噴出したのである。

　こうした反対論を大久保たちは抑え込み、ようやく九月十三日に至って同二十日の出発が確定する。その直前の八日に慶応は明治と改元された。

　なお、六月十七日に神奈川裁判所は神奈川府と改められた。管轄区域は横浜を起点とする十里以内だったが、九月二十一日には神奈川県と改称されている。

◎天皇の東京行幸

　明治元年（一八六八）九月二十日、天皇の行列は京都を出発し、東海道を東へ下った。

　東京までの道中、天皇は沿道各地の高齢者、孝子《こうし》、節婦、公益事業の功労者たちを褒賞している。

東京府御酒頂戴（2 世歌川国輝画）
東京都立図書館所蔵

罹災した者には金品を与えた。将軍に代って、名実ともに新国家のトップとなった天皇の恩沢を広く知らしめようとしたのだ。

十月十三日、東海道を下ってきた天皇一行は江戸城西丸御殿に入る。江戸城は東京城と改められ、皇居と定められた。この日、東北を平定した新政府軍が東京に凱旋してきた。偶然の一致ではなく、天皇の東京行幸に合わせて凱旋してきたのだろう。

今回の東幸には、東京市民に変身させられた江戸っ子に天皇の威光を感得させたい目的もあった。名実ともに新政府に帰順させたいというわけである。

それだけ、彼らの間では新政府への反発は強かった。みずからを官軍と称しても、幕府と敵対した薩摩・長州藩を主力とする以上、敵愾心はそう簡単には消えない。新政府も、そんな人情は良くわかっていた。

よって、新政府は徳川びいきの江戸っ子に酒を振る舞うことで天皇の恩沢に浴させようと目論む。これを「天盃頂戴」と称した。

十一月四日、新政府は東京市民および近郊の農民に、東幸のご祝儀として計三千樽余の酒のほか土器、錫製の瓶子（徳利）、スルメなどを下賜する。一樽は四斗入りであるから、一升瓶で言えば十二万本分以上に相当した。前日に、船で上方から着いたばかりの新酒だった。

新政府からの指示もあり、東京市民は五日より仕事を休み、下賜された新酒を頂戴した。各町では山車や屋台を出し、今回の東幸をお祝いした。新政府は手を替え品を替え、東京市民の人心収攬に努める（斎藤月岑『増訂武江年表2』平凡社東洋文庫）。

二十七日、新政府は十二月上旬に天皇が京都に還幸すること、明春に東京へ再行幸（再幸）することを布告した。東京をはじめ関東の人心を天皇がいまだ掌握し切れていない以上、急いで京都に戻る必要はないという意見も根強かったが、天皇不在の京都の人心にも配慮すべきとの意見が通る形で年内の還幸が決まる。

十二月七日には、東京城に宮殿を造営することが布告される。翌年の東京再幸に備えた対応だが、そのまま東京に遷都してしまいたい目論見も秘められていた。

翌八日、東京を出発した天皇は東海道を西に向かい、二十二日に京都へ戻ったが、政府機関の一部は既に移転済みだった。天皇の東幸に従う形で、外交事務を執る外国官は長官以下が東京に移っていた。

東京遷都への既成事実作りは着々と進んでいた。

◎東京奠都

明治二年（一八六九）二月十八日、新政府は天皇の東京再行幸の出発日を三月七日と公表した。同二十四日には、天皇が東京に滞在中、政府の最高機関である太政官を東京に移し、京都には留守官を置くと布告した。天皇が京都に戻れば太政官も戻るわけだが、太政官が京都に戻ることはなかった。

三月七日、天皇は京都を出発して東京へ向かった。同二十八日、天皇は東京に到着し、皇居東京城に入る。以後、東京城は皇城と称された。

布告されることはなかったが、この日が事実上東京遷都の日だった。名実ともに、江戸（東京）が将軍のお膝元から天皇のお膝元となった日でもあった。

しかし、なし崩し的な東京遷都の流れは公家や京都市民の猛反発を引き起こす。そのまま天皇は東京にとどまり、京都に戻ってこないのではないか。京都は廃都となり、千年以上の都としての歴史が終わってしまうとして人心は大きく動揺する。

事態を憂慮した政府は京都の人心に配慮し、結局のところ遷都を布告することはなかった。遷都の宣言を控えることで、これ以上の混乱が生じるのを防いだ。

その代わり、都を定めるという意味の「奠都《てんと》」という言葉を使うようになる。東京奠都とは東京を新たに都として定めたという意味であり、イコール京都の廃都ではなかった。

しかし、東京奠都とはいえ、天皇が東京城を皇居として住み続けた以上、事実上の遷都であることは誰の目にも明らかだったのである（佐々木克『江戸が東京になった日』講談社選書メチエ）。

5. 明治維新と横浜～東京の文明開化

東京真画名所図解　上野競馬（井上安治画）
東京ガス　ガスミュージアム所蔵

（1）激変した東京

◎武家屋敷の没収

東京奠都を契機に、明治新政府は東京を首都とする国家造りを本格化させるが、役人が住む屋敷は徳川家の国替えに伴って召し上げた幕臣の屋敷を充てた。例えば、政府に出仕した佐賀藩出身の大隈重信は旗本戸川安宅《やすいえ》が築地に持っていた屋敷を与えられた。その規模は五千坪ほどだった。

大隈の築地屋敷には明治の元勲となる長州藩出身の伊藤博文や井上馨をはじめ、新国家建設に大志を抱く青年たちが出入りし、日夜議論を戦わせた。「築地の梁山泊」と呼ばれることになる屋敷である。

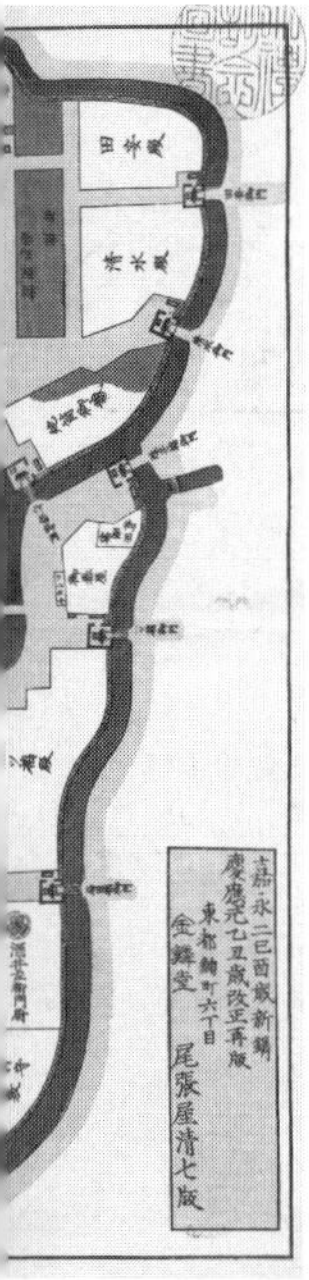

並行して、大名屋敷も次々と召し上げた。幕臣の屋敷が役人の屋敷に充てられたのに対し、より広大な

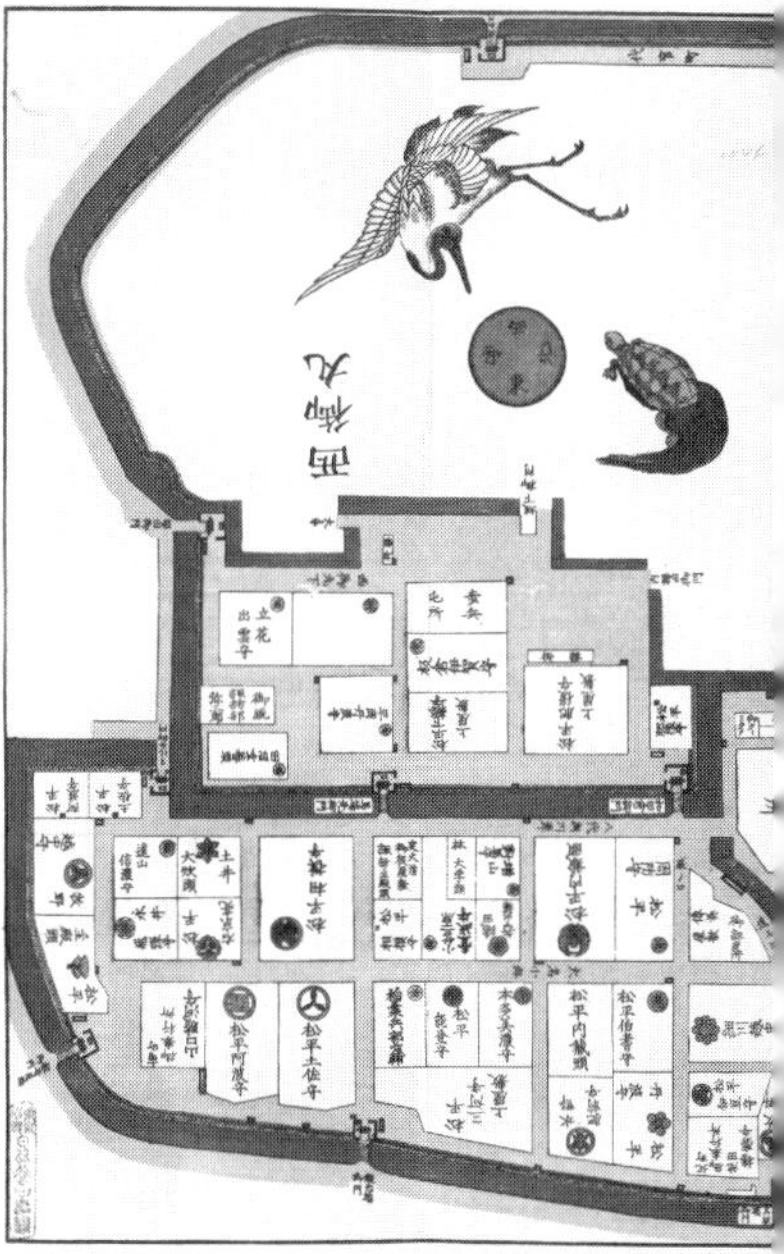

御曲輪内大名小路絵図　東京都立図書館所蔵

敷地を誇った大名屋敷は役所の用地や軍用地に転用される事例が多かった。大名屋敷となると、数万坪クラスのものも珍しくなかった。

参勤交代制に基づき、諸大名は幕府から上・中・下屋敷を下賜された。大名が住む上屋敷は江戸城の周辺、世継ぎが住む中屋敷は上屋敷よりも江戸城から離れた場所、別荘や倉庫として利用された下屋敷は江戸郊外で下賜されたが、江戸城つまり皇居に近い上屋敷が没収のターゲットとなる。

こうして、上屋敷が集中したことで「大名小路」という別称を持った現在の千代田区大手町・丸の内・有楽町一帯などは役所の用地に転用され、官庁街へと変身していく。大手町の姫路藩邸は大蔵省や内務省、小倉藩邸は文部省、丸の内の岡山藩邸は司法省、有楽町の鳥取藩邸は陸軍省に与えられた。

離宮や軍用地に転用される事例もみられた。紀州藩の赤坂中屋敷は赤坂離宮（現赤坂御所）となり、尾張藩の市谷上屋敷は政府の直属兵たる御親兵の屯所となった。後に陸軍士官学校が置かれ、現在は防衛省が立つ。

◎荒れ野原の東京

かつての江戸は武士の数が五十万人をゆうに越えたとされる日本最大の都市だったが、明治二年（一八六九）に政府は東京の土地調査を実施し、次のような集計結果を得ている。

総面積は千七百五万三百三十八坪で、そのうち武家地は千百六十九万二千五百九十一坪、町人地は二百六十九万六千坪、寺社地は二百六十六万千七百四十七坪であった。武士が住む武家地が江戸の約七〇％を占める一方で、町人が住む町人地と寺社地が同じく約一五％ずつを分け合っていたことが明らかとなった。武士中心の城下町だったことが、土地の面積からも証明された格好である。

江戸の七〇％を占めた武家地は幕府が下賜した幕臣と大名の屋敷に大別されるが、幕府が倒れたことで政府はその大半を没収する。大名の広大な屋敷は官庁の用地や軍用地などに転用されたが、それでも、明治初年の東京は荒れ果てた土地が非常に多かったという。

あまりに没収地が広大で、官用地や役人の屋敷に転用できたのは一部に過ぎなかったからだ。その過半は管理もされず、放置されたのが実態だった。

新橋界隈は仙台藩伊達家などの屋敷が立ち並ぶ大名屋敷街であったが、管理する者もいなかったため放置された。建物は壊れるに任せ、青草が生い茂る状態だった。

また皇居近くの九段坂界隈は、旗本屋敷が立ち並ぶ武家屋敷街として知られていたが、政府に没収されたことで、麦畑や野菜畑に変じる。住む者がいなかったため、建物が壊されて畑になってしまったのである（山川菊栄『おんな二代の記』平凡社東洋文庫）。

◎桑茶政策の失敗

こうした東京の荒廃ぶりに、政府もただ手をこまねいていたわけではない。京都市民の反発を恐れて正式には宣言できなかったものの、仮にも東京は日本の首都である。現状を放置することはできなかった。

教育画　養蚕　東京都立図書館所蔵

明治二年（一八六九）八月二十日、東京府知事の大木喬《たか》任《とう》は桑茶政策と俗称される政策を布告する。没収した幕臣の屋敷に桑や茶を植え付けるよう奨励した。

桑か茶を植え付けたいと希望する者は、希望の場所を東京府に申し立て地所の払い下げを受けること。その後、四カ月以内に植え付けるように。他の作物を植えた場合は払い下げ地を没収するというのが布告の趣旨だった。

当時、蚕糸（生糸）と茶は日本の主力輸出品として大いに期待されていた。よって、東京府では荒廃した幕臣の屋敷を桑畑や茶畑に生まれ変わらせることで生糸や茶を増産し、その輸出により国を富ませようとはかる。

こうして、東京の武家地の多くが桑畑もしくは茶畑と化していく。

明治六年三月の調査によれば、政府が没収した地所三百万坪のうち、開墾対象となったのは百十万六千七百七坪。そのうち、桑や茶が植えられたのは百二万五千二百七坪にも及んだ。一時期、東京が桑畑と茶畑に変じた様子が浮かんでくる数字であった（『新修港区史』東京都港区）。

だが、この桑茶政策は大失敗する。それまで屋敷として使われていた土地を、いきなり開墾して桑・茶畑にしても育つはずはなかった。実際、植え付けた桑・茶のうち七～八割は枯れてしまったという。

ほとんど知られていない明治初年の東京の姿だが、政府も誕生したばかりで政策も手探りの状態が続いていた。そんな政治の混乱が露わになった形だ。

しかし、東京を首都とする国家作りが次第に進んでいくと、政治の混乱も鎮静化する。とりわけ明治四年の廃藩置県後は中央集権の国家体制が確立し、政府も近代化政策を強力に遂行できるようになった。東京でも文明開化が進行したが、その際には先行する横浜が参考にされたのである。

（2）東京開市と築地居留地の設置

◎築地への居留地建設

横浜をモデルにした点では、東京に設けられた居留地は外せないだろう。東京開市に伴い、隅田川と東京湾に面する築地に居留地が誕生する。

慶応三年十二月七日（一八六八年一月一日）の江戸開市を布告していた幕府だが、その日の開市は実現しなかった。同年十月十四日に、時の将軍徳川慶喜が大政奉還により幕府を消滅させたからである。その課題は明治政府に託されたが、翌四年には戊辰戦争が勃発したため、結局一年近く延びてしまう。

同年七月十七日には江戸が東京と改称されたため、江戸開市は東京開市に変更された。ようやく、慶応四年改め明治元年十一月十九日に東京開市の運びとなる。

開市に伴って東京も外国貿易の舞台となるが、外国人の住む居留地はまだ造成の途上だった。幕府は江戸開市を見据え、隅田川の河口にあたる築地鉄砲洲（現中央区明石町）に居留地を設ける計画を進めていたが、明治新政府もその方針を受け継ぐ。

築地居留地遠景　横浜開港資料館所蔵

居留地に予定していた土地には彦根・徳島・中津藩といった大名屋敷のほか、漁民の集落も含まれた。それぞれ立ち退かせた上で居留地を造成したが、鎮静化に向かっていたとはいえ、攘夷運動には充分配慮する必要があった。

そのため、横浜と同じく居留地には関門が設けられ、通行が改められた。要するに関所である。帯刀している者は、政府発行の鑑札なくして居留地内に入ることはできなかった。

関門が廃止されたのは、明治四年（一八七一）十一月二日のことだった。攘夷運動も収まったとの当局の判断が背景にあった。

東京開市により誕生した築地居留地だが、その規模は横浜居留地に比べるとはるかに小さかった。築地居留地の面積が約二万八千坪にとどまったのに対し、横浜居留地の面積は明治七年の段階で約三十七万八千坪にも達した。

築地居留地は横浜居留地とは違って、貿易商人がほとんど居住していなかった。公使館や領事館が置かれたほか、宣教師・医師・教師といった知識人が居住した。彼らが設立した教会やミッションスクール、病院も置かれた。

特にミッションスクールについては、明治学院をはじめとして現在も校名や所在地を変えながら発展している事例が少なくない。居留民の住宅、学校、教会が集中する文教地域だった横浜の山手居留地のような顔を持っていた。

外国人の貿易商が築地に住宅兼事務所の商館を置かなかったのは、横浜の方が貿易活動には望ましいという判断があったからだろう。東京に外国船が入港できなかったことは大きかった。

東京で商談したければ後述する鉄道などで横浜から出て来ればよく、わざわざ築地に商館を建てて住む必要もなかった。日帰りが充分可能な東京と横浜の近さが仇となったと言えるかもしれない。

横浜から東京に輸入品を送る場合は、いったん荷物運送用の艀船《はしけぶね》に積み替えられる。羽田・品川沖を北上した艀船は築地居留地内の東京運上所に向かい、検査を受けることになっていた。東京運上所は税関事務のほか、居留地管理や裁判事務などを担った機関である。

その後、日本橋の問屋に輸送されたが、明治十一年の数字によれば、横浜の外国人貿易商が取り扱った商品の七割が築地を中継して東京に運ばれた（石塚裕道『日本近代都市論』東京大学出版会）。

築地は横浜の貿易活動を下支えする役割を果たしたのであり、東京運上所の税関業務も後に横浜税関出張所として独立する。なお、運上所が税関という呼称に統一されたのは明治五年十一月二十八日のことであった。

◎築地ホテル館の建設と清水喜助

東京が開港ではなく開市にとどまったことで、築地は貿易拠点としての地位を横浜に譲る結果となった。だが、東京は日本最大の情報都市であり、築地は西洋文化の発信地として大きな影響力を持っていた。

そのシンボルとなったのが、外国人専用の宿泊所として建設された築地ホテル館である。幕府の海軍操練所跡地に建てられた。

横浜には外国商館など西洋建築の建物が立ち並び、西洋人からもヨーロッパの港町と同じような景観と評されたが、西洋文化を視覚化するものとして日本人に強い印象を与える。そんな洋風建築に刺激を受けたのが、現在の清水建設の二代目にあたる大工の清水喜助だった。

話は幕末の頃にさかのぼる。

喜助は横浜で西洋の建築技術の修得を目指したが、アメリカ人建築家のブリジェンスと出会うことで道が開ける。横浜の英国公使館のほか、横浜駅や横浜税関の建物も設計することになるブリジェンスを通じて西洋建築を学んだ喜助は、日本の伝統的建築技術を基礎に擬洋風建築と分類される和洋折衷の建築スタイルを編み出す。「木骨石造」「ヴェランダ」「ナマコ壁」「日本屋根」の四要素が特徴だった。

その最初の作品が、慶応四年（一八六八）に築地居留地内に建設した築地ホテル館である。もともと

東京築地ホテル館（歌川芳虎画）　東京都立図書館所蔵

は幕府が外国人専用の宿泊施設として計画したホテルであり、基本設計はブリジェンス、実施設計と施工は喜助が手掛けた。幕府が倒れる二カ月前の慶応三年八月に工事がはじまり、翌四年八月に竣工した。

外観は煙突やヴェランダなど洋風のスタイルが取られたが、瓦葺きやナマコ壁といった和風の技法も施されており、まさしく和洋折衷の建物だった。ホテルの延べ面積は約千六百坪で、木造二階建ての建物中央には高さ約十八メートルの物見の塔が置かれた。客室は百余、各部屋には暖炉や水洗トイレも付いていた。建物の正面には、横浜までの乗合馬車の発着場や郵便局も設けられた。

築地ホテル館は大きな話題を呼ぶ。西洋化が進む東京の新名所として錦絵の題材にもよく取り上げられたが、残念なことに明治五年（一八七二）二月の銀座大火で焼失する。

築地ホテル館に続けて喜助が手掛けたのが、同年に日本橋の兜町に完成した第一国立銀行である。木骨石造二階の洋風建築の上に、日本の城郭を思わせる塔屋《とうや》が載った建物だった。同七年に日本橋の駿河町に建設された為替バンク三井組も喜助の設計・施行で、木造三階建ての屋根には青銅製の鯱が載っていた。

東京で花開いた擬洋風建築はやがて地方にも広まっていく。文明開化の時代の到来を地方に認識させたのである（藤森照信『日本の近代建築（上）幕末・明治篇』岩波新書）。

（3）東京に先行した横浜の街づくり

◎大火が契機となった都市改造とガス灯の設置

街づくりの点でも東京は横浜をモデルにしたが、古今東西、火事が契機となって街づくりが進む事例は枚挙に暇《いとま》がない。江戸が百万都市として発展できたのも、明暦三年（一六五七）の明暦の大火により江戸の過半が焼失したことが大きかった。更地になったことで大規模な都市改造が容易になり、既存の市街地を超える都市の基盤を整備できたからだ。都市改造では立ち退きや移転が必須である以上、建物が密集していては難しかった。

横浜も慶応二年（一八六六）十月二十日の大火を契機に、面目を一新する。その後、幕府と諸外国の間で横浜居留地の改造に関する慶応約書が結ばれた。それから一年もたたないうちに幕府は消滅するが、都市改造の課題は明治政府により果たされていく。

慶応約書に基づき、居留地と日本人町の間に防火帯としての役割も兼ね備えた日本大通りが整備された。その結果、十二メートルの車道、その左右に三メートルの歩道と九メートルの植樹帯を備えた計三十六メートルの街路が誕生する。馬車道の造成、太田屋新田沼地の埋め立て、下水の整備、横浜公園の造成なども慶応約書に基づくプロジェクトだった。

大火を契機に横浜は街路整備が進むが、単に道幅を広げただけではない。文明開化の到来を人々に強く印象付けたガス灯が取り付けられている。

従来、日本では蠟燭や菜種油による火をあかりとしていたが、現代の電球の明るさに比べると、かなり暗かった。日が落ちて夜になると、おのずと人々の行動は制限された。

一方、ヨーロッパではガス灯が登場していた。日本では寛政改革中にあたる一七九二年に、石炭を蒸し焼きにした時に発生するガスを利用したガス灯がスコットランドに建てられる。当初は裸火《はだかび》であったが、マントルをガスの裸火に被せるガスマントル灯が発明されると、その明るさは蠟燭の七倍となる。蠟燭や菜種油の灯りに目が慣れていた日本人にとっては、衝撃的な明るさだった。

日本で最初にガス灯が建設されたのは横浜である。後述の鉄道や乗合馬車の場合と同じく、外国人が建設許可を出願してきたが、日本としてはその利権を外国人に与えるのは好ましいことではなかった。

よって、横浜を管轄する神奈川県では日本人の手で建設させようと考える。新橋・横浜間の鉄道建設にも携わった高島嘉右衛門に要請し、高島たち九人の名前でガス灯建設を出願させた。明治四年（一八七一）二月、神奈川県は高島たちの申請を許可し、ガス

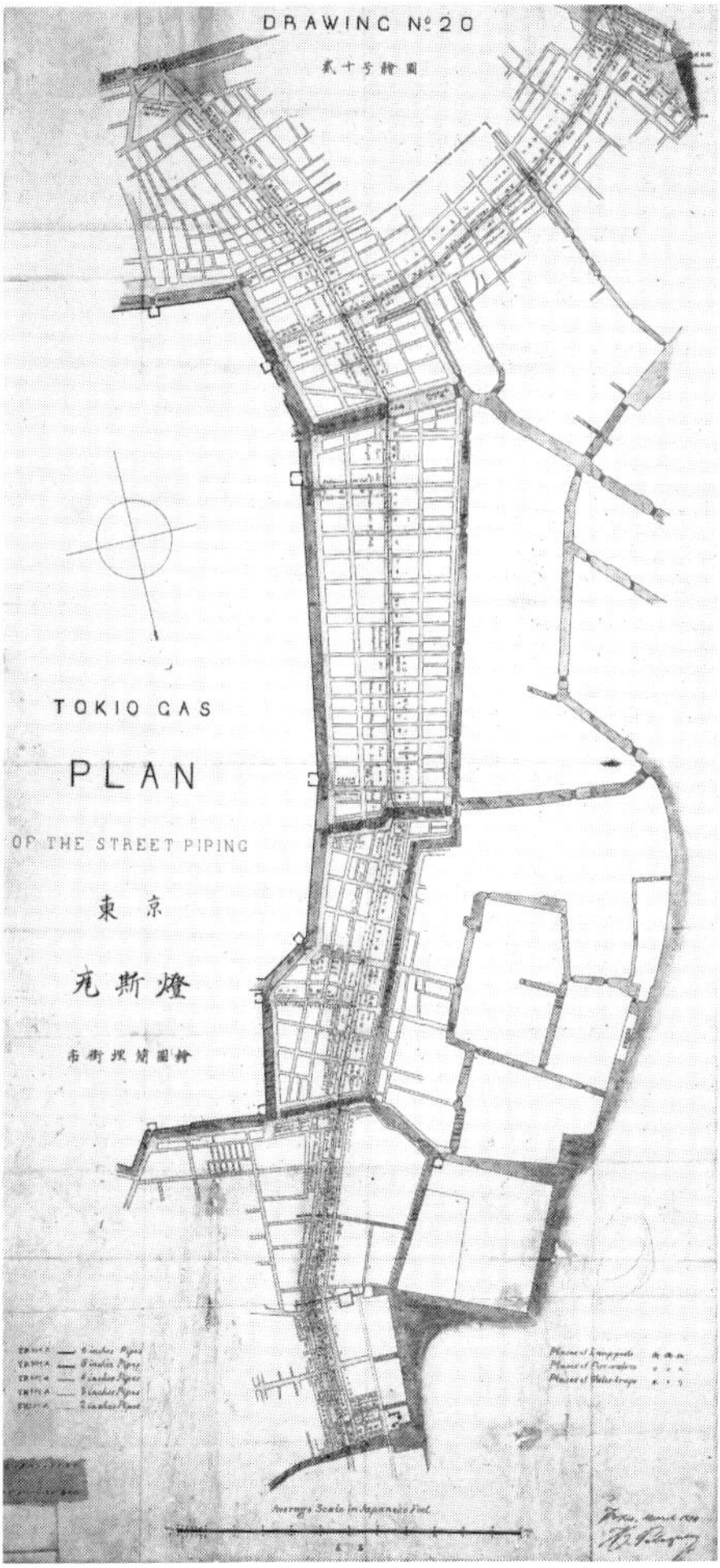

東京瓦斯燈市街埋筒図絵　東京ガス　ガスミュージアム所蔵

灯建設を請け負わせる。

既にフランス人技師アンリー・プレグランの招聘に動いていた高島は、翌五年に横浜瓦斯会社を設立し、現在の桜木町駅近くにガスの供給工場を建設する。同年九月二十九日には、大江橋から馬車道、本町通りにかけて建てられたガス灯に火が灯された。

横浜に建てられたガス灯やガス工場の設備一式はヨーロッパから直輸入されたものだが、プレグランは東京にもガス灯を建設しようと目論んでいた。横浜でのプレグランの実績をもとに、高島はガス灯の建設を東京府に打診する。折しも東京では銀座煉瓦街の建設事業が進んでいた。

横浜でガス灯の建設が進んでいた明治五年二月二十六日、銀座が大火に見舞われる。焼失戸数二九〇〇戸、被災者五万人の大惨事となるが、政府は災い転じて福となそうと目論む。

大火の前、銀座は木造建築の裏長屋が密集する地域だった。つまり、再建を好機として、洋風の不燃建築である煉瓦造りの街に改造しようとしたのである。

こうして、銀座煉瓦街の建設がスタートし、同十年には一応の完成をみる。表通りは幅十五間（二十七メートル）に拡張され、車道は八間、歩道は片側で三間ずつ、アーケードは両側で一間の配分とした。横浜での街路整備が参考されたことは言うまでもないだろう。

さらに、街路整備の一環としてガス灯の建設も決める。東京府は高島の打診を受け入れ、プレグランを技術者として採用した。

プレグランは金杉橋にガス工場を作り、京橋までガス灯を建てる工事に着手する。七年十二月には、八十五基のガス灯が銀座煉瓦街に登場した（『東京百年史　第二巻』）。

その後、ガス灯は国内で急速に普及していく。

◎山手・横浜公園の設置と寺社境内が公園になった東京

横浜居留地の改造に関する慶応約書が結ばれる前から欧米外交団が幕府に求めていたことに、公園の設置がある。欧米では、公園で各自がリフレッシュしたり、レクリエーションを楽しむのはごく当たり前の生活スタイルだった。

横浜をはじめとする開港場には居留地が設定され、外国人は居留地での居住が義務付けられた。居留地の外に出かけることにも制限が掛けられ、横浜の場合は外国人遊歩区域が横浜を起点に十里以内と定められる（東は十里に満たない多摩川まで）。それを越

横浜名所　公園地（早川松山画）　神奈川県立歴史博物館所蔵

える場合は幕府の許可が必要とされた。

第三章でみたとおり、開港直後の日本は攘夷運動が盛んで、外国人への襲撃事件が多発した。そのため、幕府としては居留地での生活を希望したが、当の外国人からすると窮屈この上なかった。

各国公使や領事は公園の開設を強く要望するが、日本人には未知のものであった。欧米側から情報を収集することで具体的なイメージを作り上げていくが、先の慶応約書で横浜公園の設置が明記されたことで、日本でも公園の誕生が時間の問題となる。

横浜公園は慶応二年（一八六六）の大火で焼失した港崎《みよざき》遊郭の跡地に建設されること

が決まる。イギリス人技師のブラントンの設計により、明治九年（一八七六）に開園となった。

既に明治三年には、居留地に住む外国人の手により山手公園が整備されていた。日本初の西洋式公園で、日本で初めてテニスがプレーされた地でもあった。

横浜で公園が誕生したことは、明治政府の都市政策にも大きな影響を与える。横浜に造られた公園がモデルとなって、全国各地で公園が次々と生まれていった。

江戸時代、現在の公園のような公共空間は存在せず、寺社の境内がその役割を果たした。江戸の場合は、特に幕府から広大な土地を与えられた寺社が公園としての顔も持った。

庶民にとり、参詣がてら広大な境内を散策することは何よりのリフレッシュであった。境内には建物だけでなく樹木なども植えられ、参詣者には癒しの空間となっていた。例えば、寛永寺は約三十六万坪、増上寺は約二十五万坪、浅草寺も十一万坪を越える土地を幕府から境内として下賜されており、公園のような空間を提供することは容易だった。

これに政府は目を付ける。土地を下賜した幕府の消滅により、公園の用地として取り上げやすい事情もあった。

明治六年一月十五日、政府は各府県に対し、公園に見合う土地を選定して大蔵省まで申し出るよう命じた。東京では浅草寺や寛永寺、京都では八坂神社、清水寺などの境内地や公有地を万人偕楽の地として公園と定めたので、これに準じて公園にふさわしい土地を報告せよという趣旨の布告であった。

この布告に従い、東京府は浅草寺や寛永寺のほか、増上寺、富岡八幡社、飛鳥山の五カ所を公園としたいと上申した。ここに浅草寺、寛永寺、増上寺、富岡八幡社の広大な境内地が公園に指定され、それぞれ浅草公園、上野公園、芝公園、深川公園として生まれ変わる。

なお、飛鳥山は境内地ではなかったが、江戸庶民が桜の花見などを楽しむ行楽地として賑わっていた。そんな歴史を踏襲する形で公園に指定された（白幡洋三郎『近代都市公園史の研究』思文閣出版）。

◎根岸競馬場の建設と上野不忍池での競馬会

ガス灯や公園は横浜から国内に広まったが、そうした事情は競馬にもあてはまる。欧米外交団からの強い要請を受けてはじまった競技であり、娯楽でもあった。

早くも開港翌年にあたる一八六〇年九月一日に、居留民たちによる競馬会が現在の元町で開催される。いかに競馬が欧米社会ではなくてはならない娯楽であったかがわかる。二年後の文久二年（一八六二）には、現在の中華街にあたる横浜新田に円形の馬場が造られ、競馬が行われた。だが、居留民が増えて住宅地に不足すると、馬場は取り払われて宅地となってしまう。

そこで、欧米外交団は幕府に恒久的な競馬場の建設を求める。元治元年（一八六四）にイギリスなど四カ国と結んだ「横浜居留地覚書」で、幕府は居留地の背後にあった沼地を埋め立て、競馬場として貸し出すことを約束したが、最終的には横浜郊外の根岸に競馬場が建設されることになった。

慶応二年十二月（一八六七年一月）に、イギリス人を中心に結成された「横浜レースクラブ」による最初の競馬が根岸競馬場で開催された。当初は居留民である外国人が競馬を楽しむだけだったが、やがて日本人も欧米人に倣って参加するようになる。

明治十三年（一八八〇）には日本レースクラブが結成され、名誉会員に宮家、正会員には伊藤博文など明治政府の重鎮が名を連ねた。同年には日本レースクラブによる競馬が根岸競馬場で初開催となるが、翌年は明治天皇が行幸して天覧競馬が執り行われた。

以後、根岸競馬場をモデルとして競馬が全国に広まるが、東京では上野の不忍池《しのばずのいけ》で競馬が開催されている。明治十七年が初回だったが、明治天皇も行幸することで注目を浴びた。こうして、競馬は日本でも上流階級の娯楽として定着するのである。

（4）新橋・横浜間の鉄道敷設

◎横浜・東京間の蒸気船運航

東京が横浜をモデルとするにあたり、交通手段の発達を通じて両都市の距離が格段に近くなったことは大きかった。その象徴と言えば新橋・横浜間を結ぶ鉄道の敷設だが、それ以外の交通手段でも東京と横浜は結ばれていた。

江戸時代まで、移動手段は徒歩にほぼ限られた。水路については料金を支払って船を使わざるを得ないが、陸路の場合、料金を要する馬や駕籠を使用することができるのは懐に余裕のある武士や商人だけだった。

明治に入ると、新しい交通手段が登場する。陸路では鉄道、乗合馬車、人力車。水路では蒸気船であった。人の移動がスピーディになることで、人々は文明開化の時代の到来を実感する。特に蒸気機関を動力とする鉄道が新橋・横浜間で開通したことは文明開化の象徴となった。

横浜と東京（江戸）は徒歩でも日帰り可能な距離にあったが、もっと早く行き来したいという要望が出てくるのは時間の問題だった。特に外国人からの要望が強かった。既に鉄道敷設の申請も提出されていたが、両都市を結ぶ新しい交通手段として最初に登場したのは蒸気船である。

慶応三年（一八六七）十一月二十六日、大政奉還により諸侯の列に下りていた徳川家は江戸開市に備え、船舶による江戸・横浜間の旅客輸送を解禁した。これを受け、蒸気船の運航が開始される。

翌年二月九日、池之端《いけのはた》の伊藤次兵衛と小網町の松坂屋弥兵衛の二人が稲川丸を江戸永代橋と神奈川・横浜間で運行させた。稲川丸はアメリカ人から購入した蒸気船であった。

以後、日本人のほか外国人も東京・横浜間に蒸気船を次々と運航させたが、大きなものになると百五十人ほどが乗船できた。なお、東京の船着場は開市に伴い、居留地が置かれた築地の鉄砲洲に変更される。

　東京開市から新橋・横浜間に鉄道が開通する明治五年（一八七二）までが、蒸気船による旅客輸送のピークとされる。その後、東京・横浜間の移動は鉄道が主流となった。

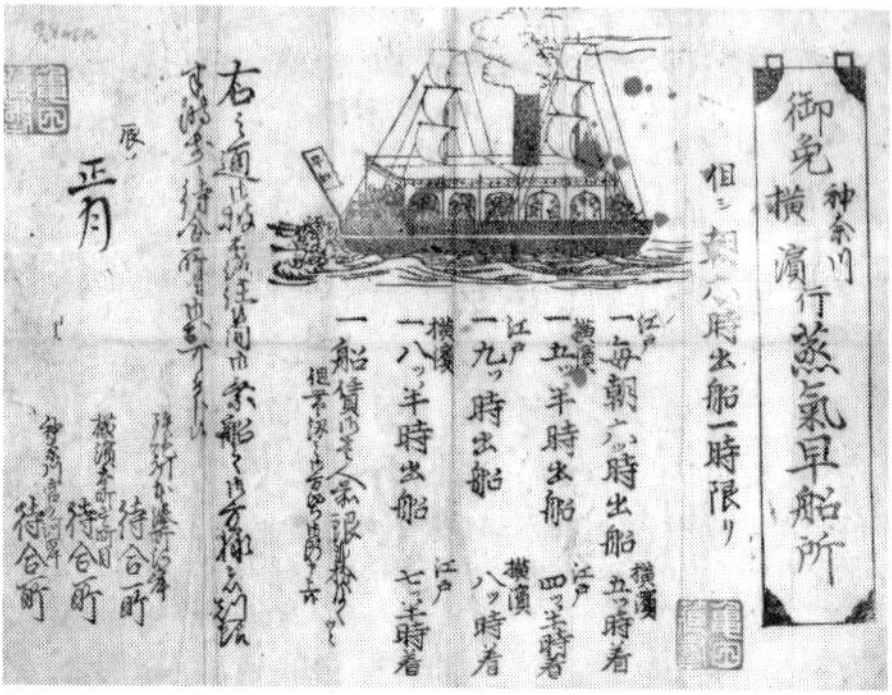

稲川丸の引き札　横浜開港資料館所蔵

◎乗合馬車の運行開始

　蒸気船に続き、東京・横浜間を結ぶ交通手段として登場したのが乗合馬車である。当初は外国人が自家用の馬車を横浜居留地内で乗り回すだけだったが、明治に入ると、一般の人々が利用できる乗合馬車が政府の免許を得て運行を開始する。

　明治二年（一八六九）、ランガン商会が横浜の馬車道や吉田橋を経由して築地居留地に至る路線を開設した。外国人が乗合馬車の事業に参入したのに刺激を受け、日本人も東京・横浜間で乗合馬車の運行に乗り出す。日本人の経営による初の乗合馬車会社「成駒屋」の誕生である。

以後、一日あたり百人ほどが東京と横浜を乗合馬車で往復するようになるが、その期間は短かった。新橋・横浜間に鉄道が開通すると利用客を取られ、営業停止に追い込まれる。

よって、乗合馬車は鉄道が走っていない区間で活路を見出す。横浜・小田原間で運行が開始されたのはそんな一例だが、東京でも乗合馬車の利用者は増えていた。この時代、鉄道は新橋までしか乗り入れることが許されず、新橋以北の地域では乗合馬車を利用するしかなかったからだ。

新しい乗り物への関心が高まったことも追い風になり、東京では乗合馬車を利用する者が増えていく。それに合わせ、馬車も増便された。

となれば、交通事故の増加は避けられない。怪我にとどまらず、死者まで出ていた。道路の状態があまり良くなかったことも、交通事故が多かった理由である。急ぎ修繕しなければならなかったが、人と車の通る道を区別する改修も必要だった。

問題はその費用だが、政府は車税の徴収を決める。人力車や牛車などを所有する者たちから徴収した。

東京府は車税の徴収により道路の修繕や拡張を進める一方、馬車の通行を妨げるものを取り除いた。撤去の対象には旧江戸城の城門も含まれた。

城門は見附枡形門のスタイルが取られ、敵が攻め込んでも直進できないよう右折あるいは左折させる構造だった。防御しやすいように造られた施設であり、もともとスムーズには通行できないようになっていた。

城門ごと撤去することでスムーズに通行できるようにしたわけだが、これにより江戸城の城門は大手門など一部を除き、次々と取り壊された。撤去し切れなかった石垣のみ、現在残っている（『都史紀要三十三　東京馬車鉄道』東京都）。

◎人力車の激増

乗合馬車に続いて、東京・横浜間を走るようになったのは人力車である。現在は観光地で見かけることが多いが、東京が発祥の地であったといわれる。

人を車に乗せて引く人力車はフランスに類似する先例があったというが、日本ほど普

人力車　横浜開港資料館所蔵

及した国は他に例をみない。幕末には大八車のような荷車に人を乗せて運ぶ事例が出てくるが、現在も見かけるような椅子に座ったスタイルの人力車が登場するのは明治に入ってからである。

明治三年（一八七〇）三月に、和泉要助・鈴木徳次郎・高山幸助のグループが人力車の営業を東京府から許可され、日本橋の高札場前に人力車を置いて営業を開始する。五月には、東京府岩本町の源七が東京の京橋・生麦村間の営業を許可された。

以後、東京・横浜間を走る人力車の数が増えていく。それに伴い事故も多発し、夜中は灯火を付けて走ったという。人力車の営業に参入する動きは東海道各所でみられ、十月には神奈川宿の業者が横浜・藤沢宿間の営業を開始した。

東海道沿いの町や村では、人力車を購入する人まで現れた。自家用車としたり、営業用車にしたのだ。

生麦村の「関口日記」によれば、同村では明治四年頃から人力車ブームが到来し、個人で購入する事例もいくつかみられたという。関口家では十四円で購入した人力車を江戸屋という業者に三円で貸し出している（『神奈川県の歴史』山川出版社）。

その頃、発祥の地であった東京では人力車の数が激増する。同四年末には東京府下で一万八二〇輌を数え、同九年になると二万五千輌にも達する。

当初の料金は日本橋から二キロ弱の両国まで乗って十二〜三銭だったが、人力車の数が急増することで運賃は下落した。同五年四月、東京府は人力車の運賃を一里（四キロ）につき六銭二厘と定め、日本橋・両国間の運賃についても三銭ほどに落ち着く。半分以下に下落したことがわかる。その後も人力車の数は増え続けたため、料金の下落は続いた。

それだけ、人力車は広く利用されるようになっていた。人々は争うように人力車に乗ったが、物珍しさのほか、運賃が安く、駕籠に乗るよりも早かったことも理由だった。となれば、駕籠は過去のものとならざるを得ない。駕籠かきは失業を余儀なくされた。

当時の新聞には、行き交う人力車のため街道は塞がるほどだったとある。新橋・横浜間の鉄道が開業すると、新橋停車場の外には何百台もの人力車が待つようになった。鉄道に乗れるだけの余裕があれば、人力車に乗ることに何の躊躇《ためら》いもないだろう。新橋からは人力車に乗って日本橋など東京の中心部に向かった。あるいは乗合馬車を利用した。

人力車の増加とは車夫の増加を意味した。駕籠かきが車夫に転職した事例は多かったが、士族が車夫となった事例も少なくない。特に明治九年の明治政府による秩禄《ちつろく》処分で、武士つまりは士族への俸禄支給が事実上ストップすると、手に職もない士族は車夫として活計の道を探る事例が多かった（鈴木淳『新技術の社会誌』中公文庫）。

◎窮余の一策だった高輪築堤と神奈川築堤による線路の敷設

黒煙をあげながら疾走する蒸気機関車の姿は明治の文明開化のシンボルであった。新奇なものや流行りものが取り上げられやすい錦絵（浮世絵）の格好の題材にもなった。

まさしく新時代の到来を印象付ける光景だが、慶応三年十二月二十三日（一八六八年一月十七日）に江戸・横浜間の鉄道敷設が決まっていたことはあまり知られていないかもしれない。アメリカ公使館書記官のポートマンが江戸・横浜間の鉄道建設を申請し、徳川家の許可が下りていたのである。

だが、明治政府はそれを認めなかった。アメリカに与えた鉄道建設の免許を無効とし、政府みずから鉄道の建設にあたることにした。

その後、イギリス公使のパークスが政府に強く運動し、明治二年（一八六九）十一月にはイギリス援助のもと東京・横浜間に鉄道が建設されることが決まる。東京開市により、外国商人は東京でも商売ができるようになり、両都市を結ぶ鉄道への期待はさらに高まっていた。最大のネックだった財源も、ロンドンで募集される百万ポンドの公債のうちから建設費を賄うことになり、一応の目途が立つ。

ところが、政府内では外国の援助による鉄道建設に懸念の声が強かった。借財が返済できなければ植民地にされてしまうという疑念が渦巻いていたのだ。これに対し、政府内で開明派の官僚として鳴らした佐賀藩出身の大隈重信や長州藩出身の伊藤博文は鉄道建設を強く主張し、ようやく建設が決まる。

そして、イギリスからはエドモンド・モレルが技師長として来日する。イギリスの技術援助のもと、翌三年三月より線路予定地の測量そして工事がはじまるが、スムーズには進まなかった。

鉄道は東海道と並行する形で敷設される予定だったが、東海道沿いに広大な屋敷地を持つ島津家などの諸大名が線路予定地の引き渡しを断固拒否したのである。線路予定地に住んで生計を立てる町人や農民にしても、田畑や家屋の引き渡しつまり立ち退きには激しく抵抗したことは想像に難くない。

兵部省も国防上必要として、線路用地として予定されていた同省管轄地所の引き渡しを拒否した。政府内からもクレームが入った形だった。

そのため、線路予定地を確保できる見通しが立たなくなるが、大隈や伊藤たちは窮余の一策を思い付く。

用地買収が暗礁に乗り上げたのは、芝から高輪海岸を経て品川に至る約二・七キロの区間だが、その区間については沖合に線路を敷設すると決める。この方法ならば、土地を買収する必要はなかった。

海上に建造した築堤の上に線路を敷設し、蒸気機関車を走らせようと考えたのだ。海

高輪牛町朧月景（小林清親画）　東京ガス　ガスミュージアム所蔵

を埋め立て、その上に石垣で造られた防波堤を築く計画だったが、この防波堤こそ今も一部が残る高輪築堤である。

埋め立てなど一連の土木工事を担当したのは佐賀藩御用達の高島嘉右衛門と薩摩藩御用達の平野弥十郎だが、高輪築堤の建造は平野が担当する。平野の手記によれば、品川御殿山の土を馬車で運んで埋め立てに使用したという。日本の技術で築かれた堤の上に、イギリスから輸入したレールが敷かれた。

築堤が建設されたのは高輪だけではない。神奈川から横浜の間も海上に築堤を建造し、その上に線路を敷設した。神奈川築堤である。長さ一・四キロにわたり海上を埋め立て、築堤を建設したが、工事を担当したのはガス灯建設にも携わった高島嘉右衛門だった。

こうして、明治五年五月七日に品川・横浜間で鉄道が仮開業となる。その後新橋・品川間の工事も完了し、九月十二日には新橋・横浜間の約二十九キロで正式開業した。

九月十二日は新暦の十月十四日にあたるため、これを記念して毎年十月十四日が鉄道の日と定められる（『東京百年史　第二巻』）。それから約百五十年後にあたる令和三年（二〇二一）八月二十三日には、高輪築堤跡が史跡に指定された。

鉄道の開通により、東京と横浜は五十分ほどで結ばれることになった。両都市の距離は劇的に縮まり、相乗効果による発展のスピードも加速するのである。

6．横浜港の危機～東京との築港競争

横浜桟橋　有隣堂所蔵

（1）東京築港論の浮上と渋沢栄一

◎東京築港論の浮上

政府は文明開化を旗印に、欧米の都市をモデルとして横浜や東京の改造事業を押し進めた。東京では銀座煉瓦街の建設が最初の事業だったが、明治五年（一八七二）に銀座を襲った大火がきっかけとなったことは前章で触れたとおりである。

東京府は再建を好機として、銀座を木造建築の裏長屋が密集する街から煉瓦造りの街に改造した。その際には横浜で進められた改造事業が参考にされており、ガス灯の建設はそのシンボルと言えよう。

ところが、横浜の事実上の廃港につながり兼ねない計画が東京府で浮上してくる。横浜港が担う貿易業務を東京に移管する計画だ。いわゆる東京築港論である。

明治十二年（一八七九）十二月二十六日に、日本橋区箔屋《はくや》町からあがった火の手は強い北西風に煽られ、一万六百十三戸が焼失する大火となった。翌十三年二月三日にも日本橋区橘町から出火し、千七百七十六戸が焼失した。火事多発都市だった江戸以来の状況が克服されていないことを痛感した東京府は、知事の松田道之がリードする形で都市改造の本格的な検討に入る。

鳥取藩士の家に生まれた松田は京都府大参事や大津県令などを歴任した後、日本橋で大火が起きた明治十二年十二月に東京府知事に就任する。翌十三年十一月二日に「東京中央市区画定之問題」という名の東京改造論を公表したが、そこでは道路や橋梁の整備拡張や上下水道の改良に加え、東京築港が提起されていた（松田道之「東京中央市区画定之問題」『日本近代思想大系十九　都市　建築』岩波書店）。

松田道之　那覇市歴史博物館提供

東京築港案は防火対策として提起されたのではない。貿易港を築くことで、東京の経済活性化を狙ったプロジェクトだった。この案は松田のオリジナルではなく、経済学者田口卯吉の「東京論」をバックボーンとしていた。

御家人（幕臣）の家に生まれた田口は明治五年に大蔵省に入省したが、官吏として活動する一方、著述活動を開始する。同十年に『日本開化小史』、翌十一年には『自由交易日本経済論』を刊行し、イギリス流の自由主義的な経済論者として歩みはじめる。近代日本は自由貿易による商業立国を目指すべきと唱えたのである。

同年に大蔵省を退官すると、翌十二年には渋沢栄一のバックアップを受けて、日本初の経済ジャーナリズムと評価される『東京経済雑誌』の刊行を開始する。編集部は渋沢が頭取を勤める日本橋兜町の第一国立銀行の二階に置かれた。

◎経済学者田口卯吉の「東京論」

経済ジャーナリストとしての活動を開始した田口は『東京経済雑誌』に論文を発表していくが、松田に強い影響を与えた「東京論」は明治十三（一八八〇）の八月から九月にかけて発表されたものである（田口卯吉「東京論」『都市　建築』）。以下、その内容をまとめてみる。

田口は東京が江戸であった頃から話を説き起こしているが、かつての江戸の繁栄は参勤交代の制度に負うところが非常に大きかったという。同制度により、諸大名は原則として国元と江戸で一年間ずつ生活することが義務付けられたが、江戸での出費は莫大な金額に及んだ。大名とその家族だけでなく、数百人から数千人の家臣が江戸藩邸で一年間生活したことで、諸大名の年間経費の半分以上が江戸で費やされたからである。

現在に喩えると、県など地方自治体の年間予算の半分が江戸に落ちた。この巨大な消費支出が江戸経済を活性化させた。

江戸の消費経済は諸大名からの需要に大きく依存していたが、幕府が倒れて明治政府が誕生すると、状況は一変する。その後の廃藩置県により大名は消滅したため、この構図はもはや成り立たなくなった。

よって、これからの東京は世界を相手にした商業都市とならなければならないと田口は力説する。首都たる東京の商業が盛んになれば、おのずから日本は繁栄する。

だが、東京の商業の現状をみると、活況を呈していないと田口は危機感を隠せなかった。小売りだけで、大きな取引がないことを理由としたが、東京が首都であるゆえに、居ながらにして政府からお金が落ちてくることも問題視する。却って東京は商業が発展しなかったというわけであり、恵まれた環境が仇となった格好だった。

そのため、江戸時代以来の商業の町・大阪に比べると、東京は商業の規模が大きくない。小売り業の東京と卸売り業の大阪の違いでもあると指摘している。

田口は東京が日本の中心市場、そして世界の中心市場に発展することを願った。商業の発展により、上海や香港などの港湾都市を凌駕することを望んだが、それには貿易に関する取引を東京に集めることが必要とした。

すなわち、横浜港が担っていた貿易業務を東京に移管することを唱えたのである。東京に貿易港を築けば、その繁栄が今の数倍となることは論を俟たない。これにより、東京は大阪のような卸売り業の町となり、商業が大いに発展するという見立てだ。

東京に港を築いて貿易都市の顔を持たせることが急務としたわけだが、具体的には二つの案を提起している。一つは品川沖に貿易港を築く案、もう一つは隅田川河口に築く案であった。

前者は品川沖を埋め立てた上で、水深が深い場所に港を築く案である。東海道沿いにあった品川は神奈川宿と同じく、宿場町と港町の顔を兼ね備えていたことは第二章で述べた。中世以来、港町として繁栄を遂げており、ハリスも幕府との通商条約の交渉で開港場として提案したほどだった。

後者は隅田川河口にあたる佃島や石川島の辺りに港を築く案だが、河口に堆積する土砂の浚渫《しゅんせつ》が必須であった。もともと水深も浅く、外航船が入港しにくい問題を抱えていた。

よって、田口は品川案に軍配を挙げる。そして、東京に貿易港を築いて貿易業務を横浜から移管すれば、香港のような国際商業都市として繁栄することは疑いないという趣旨で「東京論」を結んでいる。

田口の「東京論」とは、貿易業務の東京移管を主旨とする東京築港論であった。松田はこれを下敷きにしたが、二人の橋渡し役となった人物がいた。

経済ジャーナリストとしての田口の活動をバックアップした渋沢栄一その人である。

◎東京築港案を強く支持した東京商法会議所会頭渋沢栄一

渋沢と言えば、日本資本主義の父として明治の経済人としてのイメージが強いが、幕末以来、横浜との縁は浅からぬものがあった。

天保十一年（一八四〇）に武州榛沢《はんざわ》郡血洗《ちあらいじま》島村の豪農の家に生まれた渋沢だが、若い頃は攘夷運動に熱中した。文久三年（一八六三）には攘夷を志す同志とともに近くの高崎城を襲撃し、城内の武器を奪った勢いで横浜に押し寄せる計画を立てた。折しも長州藩が下関海峡を通航する外国船を砲撃し、攘夷実行の魁《さきがけ》をなした年である。その計画は居留地を焼き討ちにして、外国人を手当たり次第に斬り殺してしまうというもので、無謀極まりない企てだった。

焼き討ち計画は直前に中止となるが、容易ならぬ企てが漏れたことで渋沢は故郷に居られなくなる。そして京都に向かったが、最後の将軍となる一橋慶喜に運よく仕えることができ、追手からも逃れられた。一橋家の財政改革で手腕を発揮するが、慶喜が将軍となると幕臣に転じる。

慶応三年（一八六七）正月、渋沢は慶喜の弟徳川昭武の随行員としてフランスに向う。パリで開催される万国博覧会に、昭武が慶喜の名代として派遣されることになり、その随行を命じられたのだ。

正月十一日、昭武一行を載せたフランス船は横浜港を出港し、上海、香港に寄港しながらパリに向かった。翌明治元年（一八六八）十一月三日に横浜港へ戻ってきたが、一年余、日本を不在にする間に幕府は倒れ、明治政府が誕生していた。

渋沢は幕府を前身とする静岡藩に仕えた後、明治政府に引き抜かれる。大蔵省を牛耳る大隈重信や井上馨のもとで近代化政策にあたった。新橋・横浜間の鉄道敷設もその一つである。

第一国立銀行　横浜開港資料館所蔵

明治六年に大蔵省を退官した後は在野の立場から近代化を牽引していく。多分野で数多の会社を設立したことで、日本資本主義の父と呼ばれるようになった。当時は第一国立銀行の頭取を勤める傍ら、実業家たちを結集して設立した東京商法会議所（後の東京商工会議所）の会頭を勤めていた。東京の商業発展を先頭に立って目指す立場にあった。

となれば、築港により東京の商業発展を目指す田口の主張に関心を示すのは当然だった。大いに賛同した渋沢は松田に田口の考えを伝え、「東京中央市区画定之問題」に東京築港案が組み込まれることになる。

松田は東京の都市改造に関する市区取調委員局を設置し、築港案も検討させた。委員の一人に選ばれた渋沢はその場を活用して、東京築港の議論をリードする。

こうして、品川沖と隅田川河口のどちらに港を築くのかという議論が活発に展開されたが、渋沢や田口の良き理解者であった知事の松田が明治十五年七月に急逝すると、俄かに暗雲が立ち込める。東京築港案は頓挫を余儀なくされるが、その裏には貿易業務を東京に奪われることになる横浜側の激しい抵抗があった。

松田は東京築港を提起したものの、横浜から貿易業務を移管することまでは提案していなかった。「東京中央市区画定之問題」の原案では横浜港の機能を東京に移管させると明記したものの、公表する段階で削除している。

横浜側を刺激するのを恐れたからだが、東京に貿易港を築くとなれば強力な競争相手の出現であり、横浜にとり到底看過できなかった。利権が脅かされる以上、東京築港論が浮上するだけで横浜側の反発は必至であった。

一方、土砂の堆積が従来より問題となっていた隅田川河口などの浚渫は進められた。浚渫した土砂は月島の埋め立てに使われている。

◎神奈川県の巻き返しで頓挫した東京築港

松田の急逝を受けて知事に就任したのは、外務少輔《しょう》や工部少輔などを歴任した芳川顕《あき》正《まさ》である。芳川は東京の都市改造の必要性を認めながらも、築港には消極的な姿勢を取った。横浜側の反発を懸念しただけでなく、東京築港となれば、外航船の接岸が可能な深い船溜りや大きな桟橋、防波堤など港湾設備一式を整備しなければならなかった。それには莫大な費用が避けられないことも消極的だった理由だろう。

明治十七年（一八八四）十一月十四日、芳川は東京の都市改造に関する「市区改正意見書」を内務卿の山県有朋に提出する。道路の整備拡張を主眼に置く都市計画であった。

翌十二月十七日付で内務省内に市区改正審査会が設置され、改造事業が審議される運びとなる。会長には内務少輔を兼任する芳川が就任したが、先の市区取調委員局とは異なり、政府直属の組織だった。

委員は内務省など各省、警視庁、東京府から十四名が選ばれたが、渋沢の希望により、東京商工会の代表として渋沢と益田孝の二人が追加される。民間人としての枠だったが、築港に対する東京府の消極的な姿勢にしびれを切らした渋沢は、審査会の委員に加えられることで巻き返しを狙う。

朝野新聞　第千三百五十三(1世山崎年信画)
右から二人目が渋沢栄一、三人目が益田孝
東京都立図書館所蔵

益田孝は三井財閥の基礎を作った人物だが、渋沢と同じく幕臣としての経歴を持っていた。横浜とも浅からぬ縁があった。

嘉永元年（一八四八）に佐渡奉行配下の地役人の家に生まれた益田は、英語を身に付けたことで人生が大きく変わる。江戸のアメリカ公使館に通訳として勤めたが、幕府が文久三年（一八六三）に横浜鎖港談判使節を派遣した際には使節団に加えられている。帰国後は横浜の運上所勤務を経て、フランス陸軍士官による軍事教練を横浜で受けた。

幕府が倒れた後は横浜で商売をはじめた。その後、井上馨の勧めで大蔵省に入ったが、退官後は三井物産の初代社長を勤める。東京の実業界の大物として、渋沢とともに商法会議所の設立にかかわり、渋沢会頭のもと副会頭を勤めた。

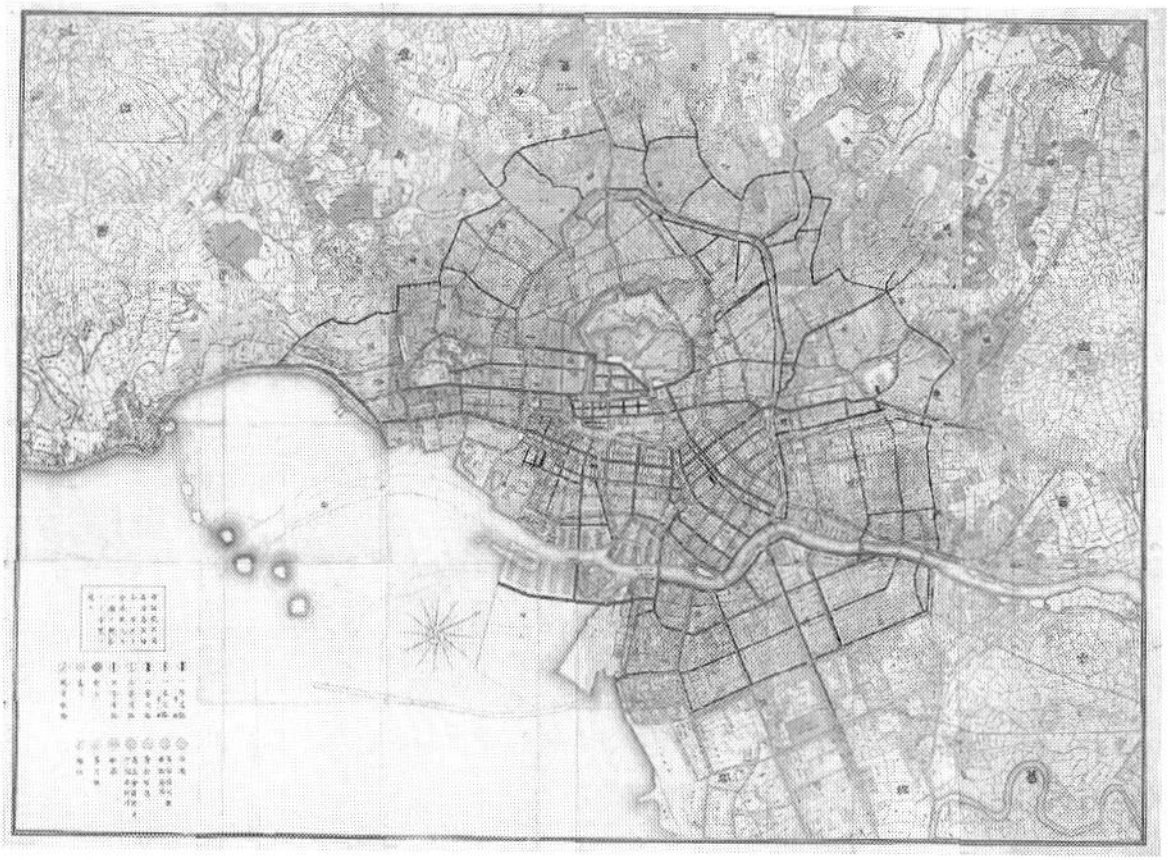

修正市区改正及品海築港略図　東京都公文書館所蔵

明治十八年二月二十日に開催された第一回市区改正審査会で、渋沢は東京築港を議題に上げる。築港となれば、東京は小売り業の街から卸売りの街となって発展するという主張を展開した。これに賛意を示したのが益田だった。

東京に貿易港を築いて外航船も入港できるようにすれば、取引が盛んになって商業は発展する。大阪にまさる都市となると主張し、渋沢を援護射撃した（「東京市区改正品海築港審査議事筆記（抄）」『都市　建築』）。

渋沢や益田が強く主張したことで、東京築港案は審査会を通過する。ただし、田口が主張した品川案ではなく、隅田川河口に築港する案だった。

十月八日、審査会を通過した市区改正案は会長を勤める芳川から山県に答申された。閣議で承認されれば、築港工事が開始される予定だったが、承認されることはなかった。当面、東京の都市改造事業は築港抜きで進められる。その裏には、東京築港で権益を失う横浜、その突き上げを受けた神奈川県による激しい反対運動があった。

東京に貿易港を築くことは事実上の横浜廃港につながるとして猛反対したのである。実際、審査会では横浜港が潰れてもやむなしとの意見が委員から出されており、火に油を注ぐ結果となったはずだ。

政府内にも莫大な出費を強いられることへの懸念があったのは見逃せない。東京築港の予算は約千九百万円と見積もられたが、横浜港の整備拡張費の十四倍近くに相当するとみなされていた。できるだけ軍備拡張に予算をつぎ込みたい政府としては、そんな巨額の予算を割ける余裕などなかった(藤森照信『明治の東京計画』岩波書店。石塚裕道『日本近代都市論』)。

こうして、東京築港は頓挫するが、その道が断たれたのではない。東京市会議長などを勤めた星亨は東京築港に熱心で、横浜を凌ぐ規模の築港計画を進めていた。だが、明治三十四年六月二十一日に星が暗殺されたことで、またしても頓挫する。

横浜の反対を押し切る格好で東京築港が実現したのは、横浜開港から八十二年後の昭和十六年（一九四一）五月二十日のことであった（『都史紀要二十五　市区改正と品海築港計画』東京都）。

(2) 横浜港の整備拡張と大隈重信

◎桟橋建設までの長い道程

明治に入ると、横浜は東京という強力なライバル出現の動きに脅威を抱く。反対運動を激しく展開することで築港計画をストップさせたが、横浜港に目を転じると、その設備は充実しているとは言い難かった。予算の問題があり、遅々として進まなかった。

だが、今後は東京に貿易港が誕生する事態を想定しなければならなかった。東京との競争に勝つためにも、波止場に代表される港湾設備の改良は待ったなしだった。

横浜が開港場に選ばれた理由としては、水深が深いため大型船の停泊に適していることと、強い風を遮る丘陵が停泊中の船舶を守ったことが指摘されているが、それで充分というわけではなかった。

そもそも、現在の大桟橋の前身である鉄桟橋が完成する明治二十七年(一八九四)まで、大型船は接岸できない状態が続いていた。大型船は横浜港の沖合で停泊し、艀船が波止場との間を往復して貨物や人を運んだ。

横浜開港に合わせて、海に突き出す形で二本の平行な突堤つまりは波止場が造られた。東波止場が海外の貨物、西波止場が国内の貨物を取り扱う場所となっていたが、まっすぐな突堤のままでは、海から吹いてくる北向きの風には無防備だった。防波堤もなかった。

よって、強風や波が強い時は、風や波が収まって艀船がやって来るのを沖合で何日も待つしかなかった。不便この上なく、イギリス公使パークスなども善処するよう幕府に繰り返し求めていた。

慶応二年(一八六六)十月の大火をきっかけに、幕府が横浜居留地の改造に関する慶応約書を諸外国と結んだことは先に述べた。日本大通りなどが整備されていくが、イギ

象の鼻、後方の建物は横浜税関　石田榮一撮影・提供　横浜市中図書館所蔵

リス人技師による波止場の延長工事もはじまる。東波止場を湾曲させることで防波堤の役割を持たせたのであり、ここに「象の鼻」が登場した。翌三年のことである。

しかし、大型船が接岸できない状態に変わりはなく、桟橋の建設計画が立てられることになる。明治に入ると、横浜居留地の下水道計画に関わったイギリス人技師ブラントンや、ガス灯の設置に関わったフランス人技師プレグランたちが計画書を提出している。いずれも、象の鼻から桟橋を伸ばす計画であった。

政府も桟橋の必要性は分かっており、明治六年（一八七三）にブラントン、翌七年にはオランダ人技師ドールンにも桟橋建設の計画書を提出させたが、この時は日の目を見ることはなかった。政府の財政難が理由だが、それだけ港湾の整備には莫大な出費を要した。

一方、横浜で貿易活動にあたる商人たちからすると、大型船が接岸できない現状は由々しき事態だった。輸出にせよ、輸入にせよ、大量の荷物をスムーズに積み下ろしできず、事業の拡大にはマイナス要因だった。ひいては、横浜港の発展を阻害する要因でしかなかった。

明治十四年に、横浜の商法会議所がブラントンの計画をもとに接岸埠頭を早期に新設するよう要望している。しかし、その願いはなかなか聞き届けられず、栈橋の建設は暗礁に乗り上げる。

そうした折、東京で築港の動きが出てきたのであり、焦燥は増したに違いない。その分、反対運動も激しかったのだろう。

◎アメリカから返還された下関戦争賠償金のゆくえ

しかし、同十九年（一八八六）に入ると、頓挫していた栈橋の建設計画が大きく前進する。それまでも神奈川県と横浜の実業家たちは港湾施設の改良について協議を重ねてきたが、この年の八月に横浜桟橋会社盟約が締結された。横浜正金銀行頭取の原六郎や生糸商の原善三郎など九名が、横浜の上水道建設に携わっていたイギリス人技師パーマーに港湾施設の改良を委嘱したのである。

翌二十年一月二十五日、パーマーは「横浜埠堤築造意見書」を提出した。そこでは桟橋などの建設に加え、船舶を修理するドック（船渠）や倉庫といった施設の整備も必要と説かれていた。六月十五日にはパーマーのアドバイスを踏まえ、原たちによる「横浜埠堤会社」設立願が神奈川県知事の沖守固《もりかた》に提出される。

会社設立には、民間の力で横浜港の改良を実現しようという強い意思が込められていた。必要な資金も自分たちで集めるつもりだった。

横浜埠堤会社の設立願は神奈川県から内務省に上申された。ようやく桟橋や防波堤の建設を骨子とするパーマーの横浜港改良案が政府内で審査される運びとなるが、棚上げされてしまう。政府当局には、民間の手で港湾施設の改良が進められることへの懸念があったのだろう。

改良工事に暗雲が立ち込めるが、二十一年に入ると、一転国費による桟橋の建設などが決まる。かなりの出費を強いられる事業だったものの、経費を工面できる見通しが立ったのである。

話は二十四年前の元治元年（一八六四）にさかのぼる。

前年の長州藩による外国船砲撃を端緒とする下関戦争は、四カ国連合艦隊の圧倒的な勝利に終わった。元治元年八月十四日に下関協約が締結されて講和が成立し、長州藩は賠償金三百万ドルの支払いを受諾するが、結局幕府が代わって支払うことになる。

九月二十二日、幕府は六回の分納で賠償金を支払うと四カ国に約した。イギリスは六十四万五千ドル、アメリカ・フランス・オランダは七十八万五千ドルずつの支払いを受ける約束だった。

三回目まで、幕府は期日通り四カ国に賠償金を支払ったものの、財政難により四回目以降の支払いは遅延を重ねる。やがて幕府が倒れたことで、残額百五十万ドルの分割支払いは明治政府が引き継ぐ。ようやく明治七年に支払いは完了した。

ところが、アメリカ国内で賠償金七十八万五千ドルは巨額過ぎるとして、日本に返還すべきとの議論が沸き起こってくる。その議論を牽引したのはアメリカ大統領のグラントであった。世論や議会が動いたことで、十六年に至って日本に全額返還される。

明治政府はアメリカの好意により返還された下関戦争の賠償金を一般会計に入れず、

特別な使途に使うことにした。政府内で協議した結果、六年後の二十二年に、時の黒田清隆内閣は横浜港の改良工事費の財源にあてることを閣議決定する。外務大臣大隈重信の主張が通ったのである。

全額ではなかったが、改良工事費の過半が返還された賠償金で賄われることになる。不足分は国費で賄われた（「［座談会］ 横浜港ものがたり―開港から現在まで」『有鄰』第四七五号。中西道子「横浜築港と下関砲撃事件賠償金」『横浜居留地と異文化交流―19世紀後半の国際都市を読む』山川出版社）。

◎パーマーによる築港工事と海外航路の拡大

改良工事費の工面が付いたことで、次はその計画書が策定される段となる。

横浜の実業家たちは工事を委嘱していたパーマーの計画書の採用を政府に求めたが、内務省土木局からクレームが入る。土木局は所属のオランダ人技師デレーケに対抗案を作成させ、パーマー案を却下してしまう。

一方、外務大臣の大隈はパーマー案の採用を強く求め、デレーケ案を推す内務省と対立する。日本の土木事業への参入をめぐるイギリスとオランダの対立でもあったが、政府部内で激論が交わされた結果、パーマー案が採用された。

そして、第一期築港工事と称される今回の改良工事は神奈川県直轄事業となる。神奈川県庁に横浜築港掛が設置され、明治二十二年（一八八九）より工事は開始された。二十七年に鉄桟橋が完成し、二年後の二十九年には一連の改良工事が終了する。

パーマーが必要性を説いていたドックは民間の手で建設されたが、東京築港をバックアップしていた渋沢もこれに協力している。同二十四年に横浜の実業家たちは横浜船渠《せんきょ》会社を設立し、パーマーに建設を委嘱した。二年後には横浜船渠（株式）会社に組織替えとなるが、第二号ドックは二十九年、第一号ドックは三十一年に完成する。

鉄桟橋などが完成したことで、横浜港には大型の外国船も接岸できるようになり、取り扱う貨物量はさらに増えた。さらなる改良工事は時間の問題となり、鉄桟橋も拡張される運びになる。

改良工事は横浜港が取り扱う貨物量だけでなく、乗り降りする人の数も増加させた。

開港により、横浜はヨーロッパとアジアを結ぶ航路、そして太平洋を横断する航路に組み込まれた。当初は外国の海運会社による独占状態だったが、明治に入ると、日本の海運会社が参入を開始する。

6. 横浜港の危機～東京との築港競争

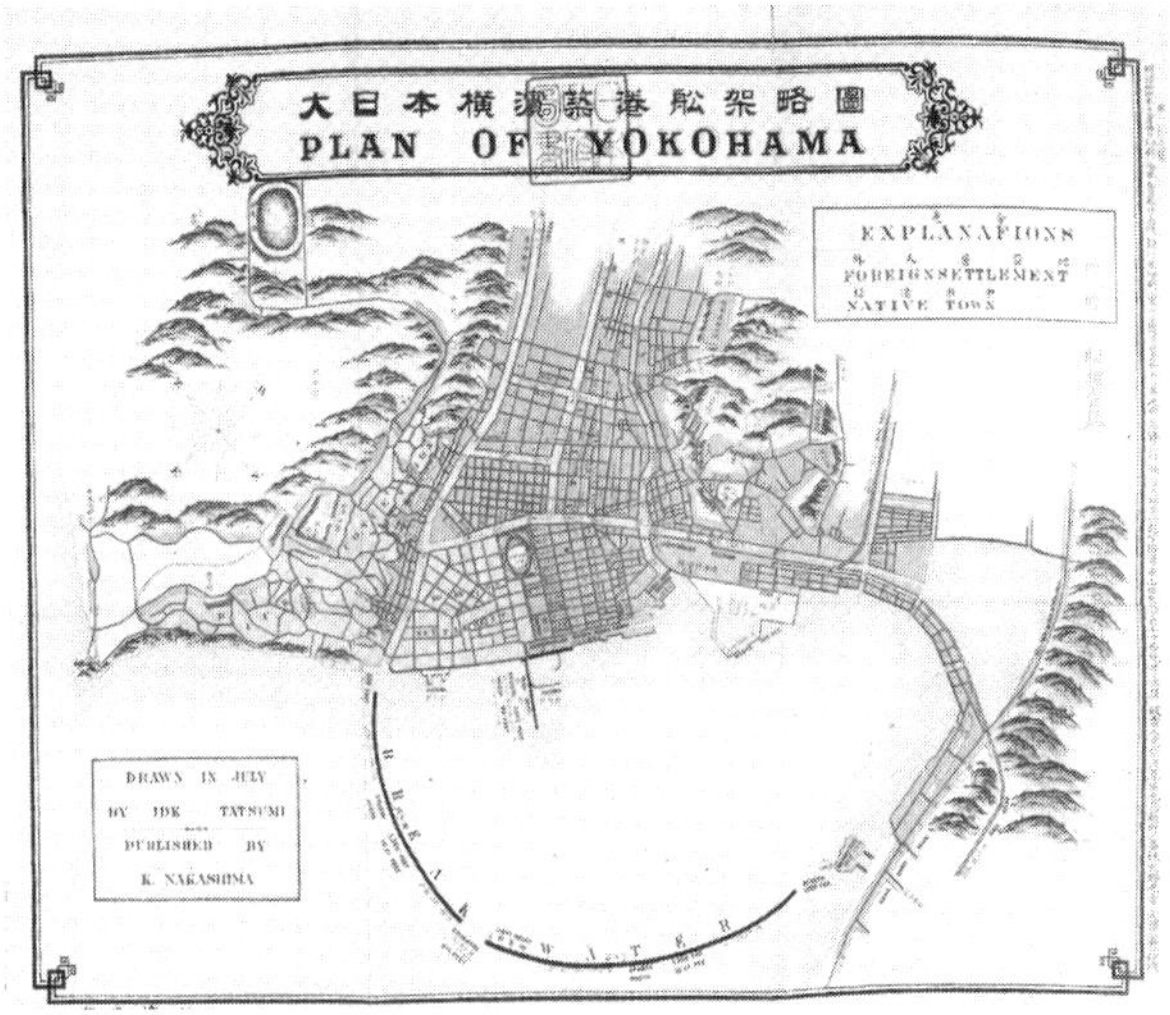

大日本横浜築港船架略図　国立公文書館所蔵

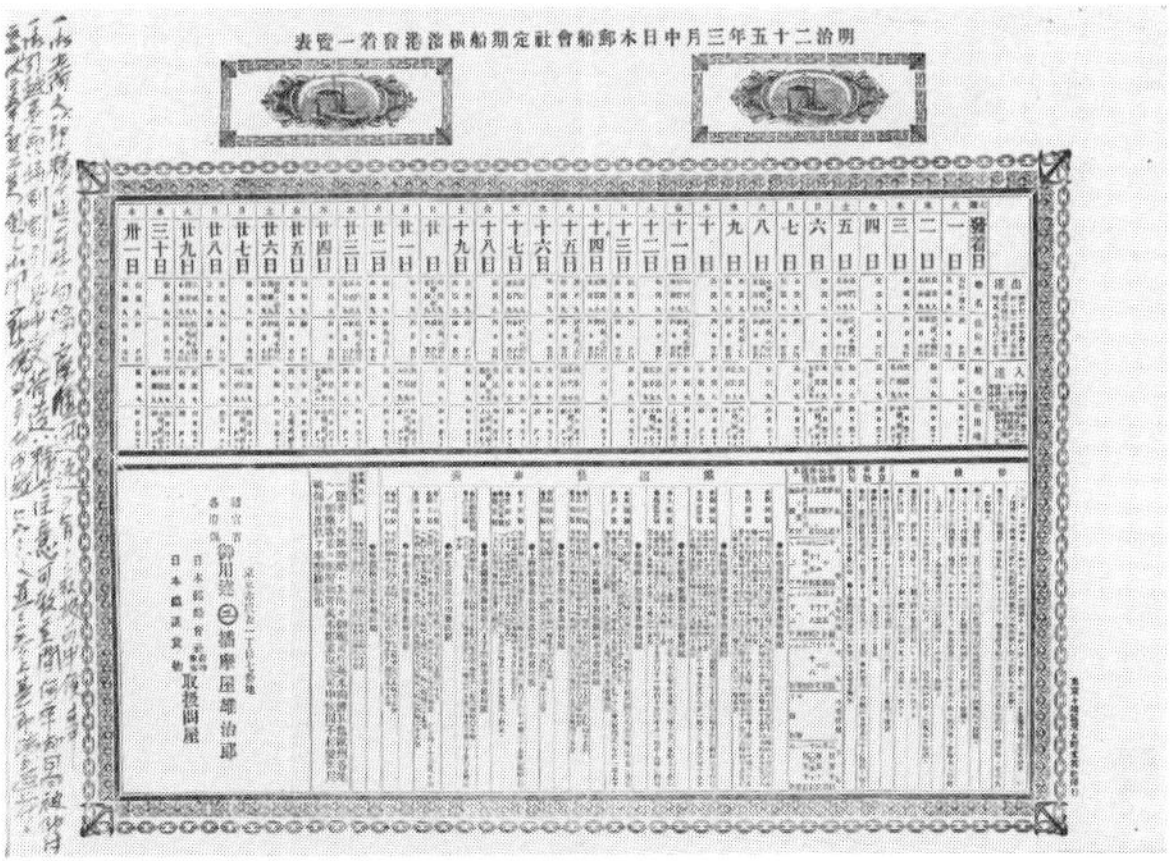

日本郵船会社定期船横浜港発着一覧表　東京都立図書館所蔵

明治八年、三菱商会は横浜・上海線を開設し、三菱会社と改称した十二年には横浜・香港線も開設した。横浜と上海・香港を行き来する人の増加が窺えるが、太平洋横断の航路でも定期航路が開設され、サンフランシスコなどと結ばれた。

第一期築港工事が完了した同二十九年には、日本郵船会社がボンベイ行きの航路をベルギーのアントワープまで延伸し、欧州航路を開設する。シアトル行きの北米航路やメルボルン行きの豪州航路も開設した。鉄桟橋の誕生を機に、中国大陸から北米・欧州・豪州へと海外航路が拡大する。

横浜経由の海外航路の拡大も横浜の発展を後押ししたのは言うまでもない。

◎横浜・東京市の誕生

このように、第一期築港工事は横浜の大きな転機となったが、工事が開始された明治二十二年（一八八九）は横浜市そして東京市が誕生した年でもあった。

明治維新後、横浜の人口は貿易の拡大という追い風もあって急増するが、新橋・横浜間の鉄道開通に象徴されるように、東京との結び付きが強くなったことも大きかった。人口の急増は横浜町から横浜区を経て横浜市となる前提でもあった。

同十一年公布の郡区町村編制法により、横浜町は神奈川県久良岐郡から分離する形で横浜区となる。二十二年四月には市制の施行に基づき、横浜区を母体に周辺の町が統合されて横浜市が誕生する。

この時、全国で三十一の市が誕生したが、横浜市の面積は五・四平方キロメートル、戸数は二万七二〇九戸、人口は十二万一九八五人であった。横浜開港時に比べると、三十年ほどで百倍以上増えた計算になる。

折しも、築港をめぐって横浜の強力なライバルとして浮上してきた東京市は十五区から構成された。この十五区が、かつての江戸御府内《ごふない》に相当した。

その後も横浜市の人口は増加の一途をたどり、市域の拡張も続いた。政令指定都市では二百万人台の大阪や名古屋を抑えて三百万人台の人口に達したが、それまでの歴史を振り返ると、東京築港の計画をストップさせたことが分岐点だったのである。

エピローグ～横浜居留地の終焉

　以上、幕末から明治にかけて、横浜が日本の政治・経済・文化を牽引する都市として発展する過程を、東京との関係で解き明かした。本書で指摘してきたことを簡単にまとめてみたい。

　横浜にとっては、大型船の停泊に適する水深の深い港を持っていたことが何よりも大きかった。それは日米和親条約の調印場所に指定された理由となり、開港場として選ばれる理由になった。外国商人が神奈川ではなく横浜に住むことを望んだ理由でもあった。

　幕府が横浜を開港場に選んだのは、将軍のお膝元である江戸に近いという地の利が大きい。江戸の外港としての役割を果たさせることで、江戸が大坂に代わって日本経済を牛耳れるよう物資の流れをコントロールしたい狙いが秘められていた。幕府は横浜を通じて貿易の利益を掌握することで、財政つまりは権力基盤の強化も目指した。

　貿易が開始されると、輸出量でも輸入量でも横浜が他の開港場を圧倒する。江戸に近い港であった効果が表われ、国内の物流に大きな影響を与えた。横浜は貿易港として急成長を遂げるが、良い事ばかりではなかった。

折しも攘夷運動が激化し、居留地に外国人が集住する横浜は狙われやすかった。江戸に近かったことで、いやが上にも注目された横浜は内外の大きな関心を呼び、横浜の鎖港問題などは幕末の政局を左右した。横浜に駐在した外交団も政局を左右する存在となり、江戸城総攻撃が中止された背景にイギリス公使パークスの反対論が指摘されているほどである。

横浜の近くで起きた生麦事件をきっかけに、イギリス軍艦が横浜港に大挙入港したため、江戸が開戦危機に直面したこともあった。開戦には至らなかったものの、英仏両軍の横浜駐屯を許す結果となり、日本は植民地化の危機に直面する。長州藩と欧米諸国との戦争である下関戦争では四カ国連合艦隊の根拠地にもなった。

江戸や京都とともに幕末の動乱の舞台となった横浜は外国人居留地が西洋文化の発信地となることで、文明開化を先取りする役割を担った。横浜は国内最大の情報都市でもあった江戸に近かったため国内に与える影響が格段に違ったのである。江戸を中継する形で日本の文化をリードした。

明治に入ると、横浜での貿易はさらに拡大するが、東京でも貿易が可能となる。横浜からすると、近くに強力なライバルが出現したことになるが、東京が開港ではなく開市にとどまったことは大きかった。外国船が入港できなかったことで、横浜のように貿易港として発展する道は閉ざされていたが、これが後に東京築港論の伏線となる。

一方、新橋・横浜間の鉄道開通に象徴されるように、両都市の距離が劇的に縮まったことで、横浜を窓口とした東京の近代化のスピードも加速する。ガス灯の設置など、街づくりでは横浜が東京のモデルになっていた。横浜にしても、国内最大の人口を抱える東京の存在が、その発展を促進させる要因となったことは明らかである。

ところが、東京に貿易港を築き、横浜の貿易業務を東京に移管させる計画が浮上してくる。貿易により横浜が急成長を遂げたことに目を付けたわけだが、事実上の廃港につながり兼ねない計画であり、横浜としては到底看過できなかった。

激しい反対運動が展開された結果、東京築港案は頓挫するが、対照的に横浜港の改良事業は進展をみせる。その決め手となったのが、下関戦争で幕府が支払った賠償金がアメリカから返還されたことだった。

こうして、横浜は貿易港として発展する基盤が強化される。人口も増え、東京に次ぐ大都市への道を進んでいくのである。

最後に横浜の歴史に大きな影響を与えた居留地制度の廃止に触れ、結びとしたい。

明治二十七年（一八九四）七月に日英通商航海条約が締結されたことで、日本は条約改正に向けて大きく前進した。不平等条約のシンボルだった領事裁判権が撤廃され、関税自主権も一部回復されたからである。イギリスを皮切りに、他の欧米諸国も同様の条約を日本と結んだ。

この条約改正により、五年後に内地が開放されることが決まる。居留地は廃止され、外国人は日本国内を自由に旅行・居住できるようになった。三十二年七月、横浜の居留地は撤廃され、四十年の歴史に終止符が打たれた。

居留地という遺産はハイカラな都市のイメージに今も大きく貢献している。そんな横浜の歴史をさかのぼると、相乗効果で発展してきた江戸・東京との関係が見えてくるのである。

本書執筆にあたっては有隣堂出版部の御世話になりました。末尾ながら、深く感謝いたします。

二〇二三年十月

安藤優一郎

【主な参考文献】

『横浜市史　第二巻』横浜市、一九五九年
『東京百年史　第二巻　首都東京の成立』東京都、一九七二年
『都史紀要二十五　市区改正と品海築港計画』東京都、一九七六年
藤森照信『明治の東京計画』岩波書店、一九八二年
高村直助・上山和雄・小風秀雅・大豆生田稔『神奈川県の百年』山川出版社、一九八四年
石塚裕道・成田龍一『東京都の百年』山川出版社、一九八六年
横浜開港資料館編『名主日記が語る幕末』横浜開港資料館、一九八六年
横田洋一編『横浜浮世絵』有隣堂、一九八九年
『都史紀要三十三　東京馬車鉄道』東京都、一九八九年
石塚裕道『日本近代都市論』東京大学出版会、一九九一年
藤森照信『日本の近代建築（上）幕末・明治篇』岩波新書、一九九三年
白幡洋三郎『近代都市公園史の研究』思文閣出版、一九九五年
池上真由美『江戸庶民の信仰と行楽』同成社、二〇〇二年
『開国150周年記念資料集　江戸の外国公使館』港区立港郷土資料館、二〇〇五年
横浜市ふるさと歴史財団編・高村直助監修『開港150周年記念　横浜　歴史と文化』有隣堂、二〇〇九年

石塚裕道『明治維新と横浜居留地』吉川弘文館、二〇一一年
鈴木淳『新技術の社会誌』中公文庫、二〇一三年
斎藤多喜夫『幕末・明治の横浜　西洋文化事始め』明石書店、二〇一七年
小野寺龍太『岩瀬忠震』ミネルヴァ書房、二〇一八年
町田明広『グローバル幕末史』草思社文庫、二〇二三年
Web版有鄰第四五八号「[座談会]「お台場」と江戸湾防備―品川台場と神奈川台場」
(https://www.yurindo.co.jp/yurin/16337)
Web版有鄰第四七五号「[座談会]横浜港ものがたり―開港から現在まで」
(https://www.yurindo.co.jp/yurin/11600)

【関係年表】

年代	事　項
嘉永6年(1853)	6/3、アメリカ東インド艦隊司令長官ペリー、浦賀来航。6/9、ペリーが三浦半島の久里浜に上陸し、浦賀奉行に米大統領の親書を受け取らせる。6/12、ペリー、江戸湾を去る。8月末、品川御台場の建設開始。
7年・安政元年(1854)	1/16、ペリー、浦賀再来航。1/28、浦賀奉行所、横浜村での交渉を提案。2/10、横浜村で日米交渉開始。3/3、日米和親条約締結。
3年(1856)	7月、アメリカ総領事のハリス、下田に着任。
4年(1857)	10/21、ハリスが江戸城に登城し、将軍徳川家定に謁見。10/26、ハリス、老中首座堀田正睦と面談して通商条約の必要性を説く。12/11、日本側全権岩瀬忠震・井上清直とハリスの交渉が江戸ではじまる(～5年1/12)。
5年(1858)	6/19、勅許を得ることなく日米通商条約調印。8/4、大老井伊直弼、神奈川ではなく横浜開港の方針を示す。
6年(1859)	1月、横浜での貿易開始を公布。3月、開港場、神奈川奉行役宅の建設開始。6/2、横浜開港。7/27、攘夷の志士が横浜の日本人町でロシアの海軍士官と水兵を殺傷する(横浜での外国人襲撃事件の最初)。7月、神奈川台場の建設開始(翌年6月完成)。
7年・万延元年(1860)	3月、横浜開港を外交団も承認。
文久2年(1862)	8/21、イギリス人が薩摩藩士に殺傷される生麦事件勃発。
3年(1863)	2月下旬、イギリス軍艦が横浜港に入り、幕府に生麦事件の賠償金支払いを要求。5/9、幕府、イギリスに賠償金を支払う。5/10、長州藩が下関で外国商船に砲撃。5/17、幕府がイギリス・フランス両軍の横浜駐屯を容認。7/2、薩英戦争。11/1、薩摩藩、イギリスに賠償金を支払う。12/29、横浜鎖港談判使節団が横浜を出発(翌年7/18、目的を果たせずに帰国)。

年代	事　項
元治元年（1864）	7/19、禁門の変で長州藩敗退。7/27、四カ国連合艦隊、横浜を出撃して下関に向かう。8/5、連合艦隊、下関砲撃の開始。8/18、講和を求めた長州藩、四カ国と下関協約を締結。9/22、幕府が下関戦争賠償金の支払いを約束。
慶応元年（1865）	10/5、通商条約の勅許。
2年（1866）	6/7、征長軍と長州藩開戦。8/21、朝廷が征長軍と長州藩に休戦を命じる沙汰書を発す。11/23、横浜居留地の改造に関する慶応約書締結。
3年（1867）	10/14、大政奉還。12/9、新政府樹立。この年、横浜港の波止場が延長される（「象の鼻」）。
4年・明治元年（1868）	1/3、鳥羽・伏見の戦い。2/9、江戸と神奈川・横浜間で蒸気船の運行開始。2/15、東征軍が京都進発。3/14、江戸城総攻撃中止。3/24、新政府、横浜鎮撫を布告。4/11、江戸無血開城。4/20、新政府、神奈川奉行所接収。5/15、彰義隊の戦い。5/24、徳川家、静岡70万石に封ぜられる（静岡藩誕生）。7/17、江戸、東京と改称。9/21、神奈川県誕生。10/13、明治天皇、江戸城に入る。11/19、東京開市。
明治2年（1869）	5/18、榎本武揚、降伏。戊辰戦争終わる。6/17、政府、諸藩の版籍奉還願受領。この年、横浜と築地居留地を結ぶ乗合馬車の運行開始。
3年（1870）	3月、新橋・横浜間の鉄道建設工事開始。この年、居留地在住の外国人により山手公園誕生。
4年（1871）	7/14、廃藩置県の断行。
5年（1872）	9/12、新橋･横浜間の鉄道開通。9/29、大江橋～馬車道･本町通りのガス灯に火が灯る。
8年（1875）	この年、三菱商会が定期航路として横浜･上海線を開設。
9年（1876）	この年、港崎遊郭跡地に横浜公園誕生。

年代	事　項
明治 12 年 (1879)	この年、三菱商会が定期航路として横浜･香港線を開設。
13 年 (1880)	11/2、東京府知事松田道之、「東京中央市区画定之問題」で東京築港を提起。その後、市区取調委員局を設置して築港案検討。
18 年 (1885)	2/20、東京商法会議所会頭渋沢栄一、政府の第1回市区改正審査会で東京築港を議題に上げる。10/18、審査会長を兼ねる東京府知事芳川顕正、内務大臣山県有朋に東京築港を答申 (後に却下)。
19 年 (1886)	8 月、横浜の実業家たちが結成した横浜桟橋会社がイギリス人技師パーマーに港湾施設の改良を委嘱。
20 年 (1887)	6/15、横浜の実業家たちが横浜埠堤会社設立願を神奈川県に提出。
22 年 (1889)	黒田清隆内閣、アメリカから返還された下関戦争賠償金を横浜港改良工事の財源にあてることを閣議決定。4/1、横浜市の誕生。この年、横浜港第 1 期築港工事開始 (～明治 29 年)。
24 年 (1891)	この年、横浜の実業家たちは横浜船渠会社を設立し、パーマーに船渠建設を委嘱。
27 年 (1894)	7 月、日英通商航海条約が締結され、5 年後の内地開放、居留地廃止が決定。この年、鉄桟橋完成。
29 年 (1896)	この年、日本郵船会社が横浜と北米・欧州・豪州を結ぶ定期航路を開設。
32 年 (1899)	7 月、内地開放により横浜・築地の居留地撤廃。

東京・横浜　激動の幕末明治

二〇二三年（令和五）十二月八日　初版第一刷発行

著者　安藤優一郎

発行者――松信健太郎
発行所――株式会社　有隣堂
本　社　横浜市中区伊勢佐木町一―四―一　郵便番号二三一―八六二三
出版部　横浜市戸塚区品濃町八八一―一六　郵便番号二四四―八五八五
電話〇四五―八二五―五五六三
印刷――株式会社堀内印刷所

ISBN978-4-89660-245-6 C0221

デザイン原案＝村上善男

有隣新書刊行のことば

国土がせまく人口の多いわが国においては、近来、交通、情報伝達手段がめざましく発達したためもあって、地方の人々の中央志向の傾向がますます強まっている。その結果、特色ある地方文化は、急速に浸蝕され、文化の均質化がいちじるしく進みつつある。その及ぶところ、生活意識、生活様式のみにとどまらず、政治、経済、社会、文化などのすべての分野で中央集権化が進み、生活の基盤であるはずの地域社会における連帯感が日に日に薄れ、孤独感が深まって行く。われわれは、このような状況のもとでこそ、社会の基礎的単位であるコミュニティの果たすべき役割を再認識するとともに、豊かで多様性に富む地方文化の維持発展に努めたいと思う。

古来の相模、武蔵の地を占める神奈川県は、中世にあっては、鎌倉が幕府政治の中心地となり、近代においては、横浜が開港場として西洋文化の窓口となるなど、日本史の流れの中でかずかずのスポットライトを浴びた。

有隣新書は、これらの個々の歴史的事象や、人間と自然とのかかわり合い、ときには、現代の地域社会が直面しつつある諸問題をとりあげながらも、広く全国的視野、普遍的観点から、時流におもねることなく地道に考え直し、人知の新しい地平線を望もうとする読者に日々の糧を贈ることを目的として企画された。

古人も言った、「徳は孤ならず必ず隣有り」と。有隣堂の社名は、この聖賢の言葉に由来する。われわれは、著者と読者の間に新しい知的チャンネルの生まれることを信じて、この辞句を冠した新書を刊行する。

一九七六年七月十日

有　隣　堂